校長がOODA《ウーダ》ループで考えたら学校の課題がみるみる解決した

喜名朝博

国士舘大学教授／元全国連合小学校長会長

教育開発研究所

はじめに～校長学のススメ～

令和3年1月の中央教育審議会答申「『令和の日本型学校教育』の構築を目指して～全ての子供たちの可能性を引き出す、個別最適な学びと、協働的な学びの実現～」は、これまでの日本型学校教育の成果と課題を明確にし、令和の時代の日本型学校教育を創っていくための道筋をつけるものとなりました。

その具体策として、小学校における35人学級や高学年の教科担任制が実現しています。また、令和3年3月に諮問された「『令和の日本型学校教育』を担う教師の養成・採用・研修等の在り方について」を契機として、教員免許更新制も発展的に解消されました。今後の答申により、教員養成から採用・研修といった教員の在り方が改善され、学校の慢性的な人材不足への対応や学校における働き方改革が進むことが期待されます。

一方、新型コロナウイルス感染症によって、学校はセーフティネットとしての役割に気づかされるとともに、あらためてその存在意義を問われることになりました。ＧＩＧＡスクール構想による端末整備は、授業改善の幅を広げただけでなく、学校に通う意義が問われるまでになっています。予測不能な社会、変化の激しい社会にあって、学校はその変化に対応することに懸命になっているのが実状です。

しかし、未来社会を生きる子どもたちにとって必要なのは、変化に対応する力を超え、変化を創り出す力です。学習指導要領の理念であるコンテンツベースからコンピテンシーベースへの転換や、子どもを主語とする教育活動の推進は、その実現をめざしています。教育の在り方が大きく変わろうとしている渦中にあって、学校自身も自己変革が必要なのです。

令和の日本型学校教育の構築には、学校や教師の都合ではなく子ども中心の教育へ、教師主体の授業から子ども中心の学びへ、といった発想の転換が求められます。また、その推進には校長の役割が重要です。

従来、それは「校長のリーダーシップ」といった言葉で括られていましたが、中教審ではさらにその中身について「アセスメント能力」や「ファシリテーション能力」など、校長に求められる能力にまで言及されています。また、校長の学校経営は、マネジメントそのものであるという見方も一般化してきました。しかし、それが何たるかという整理はなされてきていません。

経営もマネジメントも組織目標を達成するという点では同じです。しかし、経営はそのための意思決定がメインになるのに対し、マネジメントは組織に成果をもたらすための手段が含まれます。組織のトップとして意思決定をするだけが校長の役割ではなく、教育目標の実現のために、より積極的で主体的に行動することが求められます。

本書で提案するOODA《ウーダ》ループは、校長が主体的に行動する学校マネジメントのひとつの手法です。従前のPDCAサイクルよりも即時性があり、変化や危機に対応しやすいという特徴があります。また、学校組織や教職員の力量形成につながるという利点もあります。

いつの時代にも求められる「学び続ける教師」の姿は、校長が先頭に立って体現すべきものです。校長はゴールではなく、校長としての自立的、現場主義的学びである「校長学」の始まりでもあります。OECDのシュライヒャー局長は、「教育の質は教師の質を超えられない」と語りました。それは「学校の質は校長の質を超えられない」とも換言できます。

OODAループによる学校マネジメントを校長学の指針と位置づけ、各学校の教育活動が充実されることに貢献できれば幸いです。

目次

第2章　OODAループの活用法
――学校改善の進め方と各段階で求められる校長の資質・能力

第3章　学校の課題をOODAループで改善する8つの実践例

第4章 OODAループで令和の日本型学校教育を創造する・159

第1章

新たな
学校マネジメント手法
OODAループ

Orient　Observe　Decide　Action

1　令和の学校マネジメントとOODAループ

1　CIO（最高情報責任者）としての校長

これからの時代の校長の役割

「学校経営」に代わって「学校マネジメント」という言葉が使われることが多くなりました。校長の学校経営力は、マネジメント能力に置き換えられ、学校組織で通用するマネジメント能力だけでなく、一般的な組織で必要なマネジメント能力も求められるようになっています。社会の変化とともに、組織としての学校の在り方も変わっていくのも当然のことかもしれません。

確かに、企業などの組織経営から学ぶことはたくさんあります。変化の激しい社会の中で、利益や成果をあげていくためには、日常的な業務改善が求められており、それは管理職のマネジメント能力にかかっています。

ただ、企業経営と学校経営の大きな違いは、「ヒト・モノ・カネ」が自由にならない点です。経営の三要素が自由にならないのに、本当の意味での経営とは言えないかもしれません。それでも、限られた条件の中で最大限の効果を出すことを考えるのが学校経営であり、校長のマネジメントであると言えます。

情報をどうキャッチし、経営にどう生かすか

学校も企業と同じように情報戦略が経営の柱になってきました。積極的な情報発信は、社会への説明責任を果たし、社会的認知度を上げることにつながります。校長には、ＣＩＯ：Chief Information Officer（最高情報責任者）として、情報の収集や、情報公開・広報・公聴を進めていくことが求められます。

逆に個人情報の不適切な管理は、学校への信頼をなくします。企業によっては、ＣＰＯ：Chief Privacy Officer（最高個人情報責任者）という職を設け、個人情報の一元管理を行っています。デジタル化によって、情報流出の危険性が高まっており、ＣＩＯとしての校長には、情報管理の徹底という役割が求められることになります。

ところで、学校の情報戦略というと、いかに情報を発信するかということに焦点が置かれがちです。しかし、マネジメントの視点で情報をとらえ直すと、学校の営みのすべてが情報であり、学校の今の姿こそ貴重な情報であることがわかります。

学校の現状をとらえるために、観察し、解釈する。そして問題解決のための戦略を練る。その実行状況を情報としてとらえ評価していく一連の流れ、それが本書のテーマであるOODA《ウーダ》ループです。

校長による学校マネジメントは、自ら立てた経営計画に基づき、学校の教育目標を達成することを目的としています。その具体的な道筋が教育課程であり、それを実行するのが人材組織です。したがって、マネジメントの対象は、教育課程と人材組織ということになります。

教職員のベクトルをそろえ、それぞれの資質・能力を最大限に発揮させて専門性を生かすことで組織の力を高めていく、それが本来の「チーム学校」の意味です。教育課程も人材組織も、教育活動という形で常に動いています。その動きを情報としてとらえる校長は、CEO（最高経営責任者）であり、常に情報を把握し、分析するという意味でのCIO（最高情報責任者）でなければなりません。

２　校長に求められる力

「校長の学び」が重要

校長としてのキャリアは、教員の延長線上にあります。校長の多くは、担任等を経験し、中堅教員や教頭などを経て今の姿があります。この間、授業力や学級経営力はもとより、学校経営への参画意識を高めながら校長の学校経営を支えてきたはずです。

しかし、学校経営に参画することと、実際に学校経営を担うことには大きな違いがあります。特に、校長の学校経営を間近で見ている副校長や教頭は、校長に昇任して初めてその仕事の多様さや責任の重さを痛感することになります。校長は教員や副校長・教頭とは別の資質・能力が求められ、学校の中でも別の職種だと考えるべきです。

教員免許を持たなくても校長になれるのは、こうした事実を反映しています。その意味でも、校長には校長としての育成や特別な研修が必要です。

初任者研修から始まる教員の研修は体系化され、ステージごとに必要な資質・能力を身につけることを目的として実施されています。しかし、校長には教育管理職としての研修はあるものの、学校経営に必要な資質・能力を身につけるための研修は体系化されておらず、学校マネジメントに特化した研修も十分とは言えません。

平成28年の教育公務員特例法の一部改正により、各教育委員会は教員の育成指標を作成することになりました。校長の育成指標も明らかになっているはずですが、校長選考や*管理職研修等には結びついていません。今後、校長の任用・研修等については、中教審の答申等をふまえて改善が図られていくこととなります。

結局のところ、学校マネジメントも含めた校長の学びは、日々の学校経営を通した経験知と主体的な自己研鑽によって支えられていることになります。時代の先を見据えた学校経営をしていくためには、ますます校長の学びが重要になってきます。

令和の「リーダーシップ」と「マネジメント」

令和3年1月の中教審答申「『令和の日本型学校教育』の構築を目指して」の中には、校長や学校管理職の「リーダーシップ」という言葉が何度も登場します。令和の日本型学校教育の構築のためには、校長も含めたすべての教職員の指導観や教育観の転換が必要です。その先頭に立つのが校長であり、自らの職責として、学校改革を進めていかなければなりません。

リーダーシップとは、声高に教職員に指示命令し、先導することではありません。明確な目標を設定し、その達成に向けて教職員を導いていくことです。そのために、教職員のモチベーションを高めたり、環境を整えたりしていくことが求められます。したがって、リーダーシップは、個人の能力ではなく、校長の仕事の最たるものであると言えます。

一方、マネジメントは、目標設定までの道筋について、いつまでにどのように進めていくかという進行管理を行うことです。ここで必要なのが、現状をしっかり見て把握する力である「アセスメント能力」です。さらに、目標達成や課題解決にあたって、教職員はもとより、保護者や地域を巻きこんで学校を運営していくための「ファシリテーション能力」が必要になっています。

令和４年８月31日に改正された「公立の小学校等の校長及び教員としての資質の向上

＊　令和４年度から（独）教職員支援機構において、校長のマネジメント能力の向上を目的とした新任校長オンライン集合ハイブリッド研修が実施されています。

に関する指標の策定に関する指針」では、校長の指標に関して次のような記述があります。

「校長に求められる基本的な役割は、大別して、学校経営方針の提示、組織づくり及び学校外とのコミュニケーションの３つに整理される。これらの基本的な役割を果たす上で、従前より求められている教育者としての資質や的確な判断力、決断力、交渉力、危機管理等のマネジメント能力に加え、これからの時代においては、特に、様々なデータや学校が置かれた内外環境に関する情報について収集・整理・分析し共有すること（アセスメント）や、学校内外の関係者の相互作用により学校の教育力を最大化していくこと（ファシリテーション）が求められる。」

「アセスメント」と「ファシリテーション」

改正指針では、マネジメント能力とは別に「アセスメント」や「ファシリテーション」をとらえていますが、本書では、学校マネジメントの重要な要素として考えていきます。

【アセスメント能力】

「アセスメント」という言葉も学校に浸透してきました。たとえば、特別支援教育推進の方策として、子どもたちの困り感について専門家からアセスメントを受けることがあります。子どもたちの学習の状況を客観的に把握し、その子にあった学び方を提供していくのもアセスメントといえます。

アセスメントとは、人物やものごとについて客観的に評価・分析することを言いますが、本書で注目するのは、校長の組織アセスメント能力です。組織の現状を正しく把握し、評価することによって組織の課題を見出し、改善策を講じるために必要な力であるととらえていきます。

【ファシリテーション能力】

主体的・対話的で深い学びによる授業改善は、子どもを主語とした教育に転換していくことでもあります。そのためには、教師の指導観も変えていく必要があります。それを端的に表した言葉が「ティーチャーからファシリテーターへ」です。教師主導の授業から子どもたちが主体的に学ぶ授業に転換するために、「教える」から「調整する」へと教師の役割が変わっていきます。

学校経営においても、校長の経営計画を推進させることだけが目的ではなく、組織全体のモチベーションを高めたり、地域リソースを取り込んだりしながら、学校力を高めていくことが重要です。ここで必要になるのが校長のファシリテーション能力です。組織を牽引するリーダーシップではなく、組織や地域の力を最大限に発揮できるように、途中経過や課題を確認しながら調整していきます。リーダーシップの発揮もファシリテーターとしての役割を果たすことも、教育目標の達成という意味では同じですが、それぞれがより主体性を発揮できるという点で、大きく異なります。

3 OODAループで学校課題に取り組むと何が変わる？

変化に対応できないPDCAサイクル

もともと品質管理や業務管理の手法だったPDCAサイクルが、学校の組織運営にも導入されるようになりました。P（Plan）：目標を設定して計画を立て、D（Do）：計画を実行する。C（Check）：その成果と課題を評価し、A（Actio ｎ）：改善を図る。そして改善策を盛り込んだ新たなプランで回していくのがＰＤＣＡサイクルです。学校行事のような日々の教育活動だけでなく、学校運営の根幹をなす校長の経営計画も、このＰＤＣＡサイクルに乗せています。

学校の教育目標の達成をめざして作成される学校経営計画がＰｌａｎ、日々の教育活動がＤｏ、中間評価や年度末評価による評価書の作成および公表がＣｈｅｃｋ、そして評価結果を受けた改善策の立案がＡｃｔｉｏｎとなります。成果と課題を明確にして改善策を盛り込むことで経営計画がブラッシュアップされていきます。学校評価はまさにＰＤＣＡサイクルの仕組みに組み込まれています。

すでに学校現場に浸透しているＰＤＣＡサイクルですが、私はずっと違和感をもっていました。それは、「改善のスパンが長い」ということです。学校経営計画の評価・改善は一年スパンです。そもそも、実行してから評価するという時点でスピード感が失われます。時代の流れが加速している中で、ＰＤＣＡサイクルの課題はここにあります。

実行（行動）しながら評価し、改善するという行動様式は、われわれ教師にとって身近なものです。日々の授業は、指導計画や指導案に基づいて行われます。子どもたちの反応を見ながら授業を進め、これではまずいと思った瞬間に修正を加えていきます。発問を変えたり、学習活動を個別化したりして、その時点での指導の最適化を図っていきます。

このような教師の営みを、アメリカの哲学者、ドナルド・ショーンは、著書『専門家の知恵――反省的実践家は行為しながら考える』（佐藤学・秋田喜代美訳、ゆみる出版、2001年）の中で、反省的実践として説明しました。子どもたちの学習上の困難を、子どものせいにすることなく、教師自身の教え方に問題があると考えます。その問題を解決するために、その時その場で小さな実験的研究を行うのが反省的実践です。

PDCAに代わるOODA《ウーダ》ループ

学校経営や組織運営においても、「反省的実践家」の行動様式をとれないものかと考えていたときに出合ったのが、OODA《ウーダ》ループでした。アメリカ空軍のパイロットだったジョン・ボイドが提唱したフレームワークであるOODAループは、PDCAサイクルに代わるものとして注目されています。OODAループの4つの文字は次のように英単語の頭文字です。

O：Observe（観察）

O：Orient（状況判断・方向づけ）
D：Decide（意思決定）
A：Action（実行）

OODAループの流れについて、子どもたちの体力向上を例に考えてみると、次のようになります。

【Observe】観察することによって現状を認識します。子どもたちの体力・運動能力のデータをチェックしたり、日常的な運動の様子を観察したりします。

【Orient】観察を元に状況を判断します。体力・運動能力のデータから落ち込みのある項目を見極めたり、日常的な運動やけがの状況なども考慮したりして、運動不足による体力や運動能力の低下があると判断します。

【Decide】具体的な方策や手段に関する意思決定を行います。判断を元に、体力向上策を実現することを決定します。

【Action】意思決定したことを実行に移します。体力向上策を具体化し、計画を立てて実行していきます。この中でも「Observe」を行いながらループを回し、改善を加えていきます。

改善スパンが早く、改善の様子が目に見える

ＯＯＤＡループは、汎用性の高い問題解決の手法です。危機管理から教育課程管理、学校運営、日々の業務改善まで適用することができます。ＯＯＤＡループのメリットは、なんと言っても改善スパンが早いこと、改善の様子が目に見えるということです。

学校には毎日のように様々な問題が生じます。多くの子どもたちや教職員が集い、人と人が関わりながら進んでいく学校の営みの中では、問題が生じるのは当たり前です。問題がないとしたら、見ていない、気づいていないだけだと考えるべきです。

問題の大小にかかわらず、生じた問題を解決すべき学校の課題ととらえ、一つひとつ解決していくことが重要です。その地道な営みによって学校経営が充実し、学校力が向上していきます。学校課題の解決こそ学校改善であり、校長の職責です。そして、ＯＯＤＡループはそんな校長の思考や学校改善への取り組みを支えるものとなります。

ＯＯＤＡループで学校はこう変わる

・学校の課題が可視され、共有化できる
・課題解決のスピードが加速される

・学校改善が日常化する
・校長の学校経営力が向上する
・子どもたち、教職員が幸せになる

これらの成果を得られるためには、校長が果たす役割があります。次章では、ＯＯＤＡのそれぞれについて考えていきます。

【コラム】学校業務での校長の役割

昨今、企業だけでなく行政機関などでも、アルファベットで省略した役職名を導入するところが多くなりました。組織内の業務分担と責任の所在を明確にするという目的があるようですが、これを学校組織に当てはめて見ていくと、業務ごとの校長の役割が見えてきます。

●CEO：Chief Executive Officer――最高経営責任者

会社の代表権をもつのは取締役や代表取締役であり、社長もCEOも会社法で定められた名称ではありません。しかし、この名称によって組織の最高経営責任者であることという自覚が生まれるのではないでしょうか。管理職である副校長や教頭も経営責任者ですが、やはり学校経営の最高経営責任者は校長です。「責任者」という言葉は、校長よりも重く感じます。すべての責任はCEOである校長にあり、責任を取る覚悟が求められます。

●COO：Chief Operations Officer――最高執行責任者

CEOが定めた経営方針に基づいた運営と、設定目標の達成に向けて責任を果たすのがCOO。学校で言えば副校長や教頭がそれに当たるでしょうか。また、学校経営の柱となるミドルリーダーや学年主任などには、校長の経営計画の具現化を図る執行責任者としての責務があります。校長は、副校長・教頭、ミドルリーダーとの情報共有と良好なコミュニケーションを取る必要があります。

●ＣＴＯ：Chief Technology Officer——最高技術責任者

ＧＩＧＡスクール構想による端末整備により、すべての教員がＩＣＴを効果的に活用した授業ができることが求められています。その支援をするのがＩＣＴ推進担当です。人材育成の視点から教員をＣＴＯとして選任し、校長の方針に基づいた活用計画を実現させ、学校のＩＣＴ活用促進というミッションを担わせていきます。仕事を通して学校運営参画意識を高めていくのも校長の仕事です。

●ＣＦＯ：Chief Financial Officer——最高財務責任者

学校事務の管理は、校長の4管理のひとつであり、予算執行の責任は校長にあります。ただ、実質的な職務を担うのは事務職員であり、事務職員は財務責任者であると言えます。校長の学校経営を予算や施設設備という側面から支えてくれる事務職員は、学校経営の柱となる人材です。また、学校における働き方改革への提案など、教員とは違う視点で学校経営に関わることで、その持てる力を発揮させることができます。

2 OODAを紐解く

1 Observe 観察する

「見る力」を確かなものにする

Observeの意味は「観察する」「よく見る」です。それは、情報を集めるための行動です。登下校や授業の様子、休み時間の過ごし方など、校内を回りながら子どもたちに声をかけることを日課とされている校長先生も多いと思います。その中での気づきが、学校の課題を明確にしたり、危機管理の始まりだったりすることがあったはずです。情報を集める対象は、教職員や保護者、地域住民など学校に関わるすべての人々です。日々の教育活動のすべてを通して、対象である人々の動きやそれによって生じる事象を観察していきます。

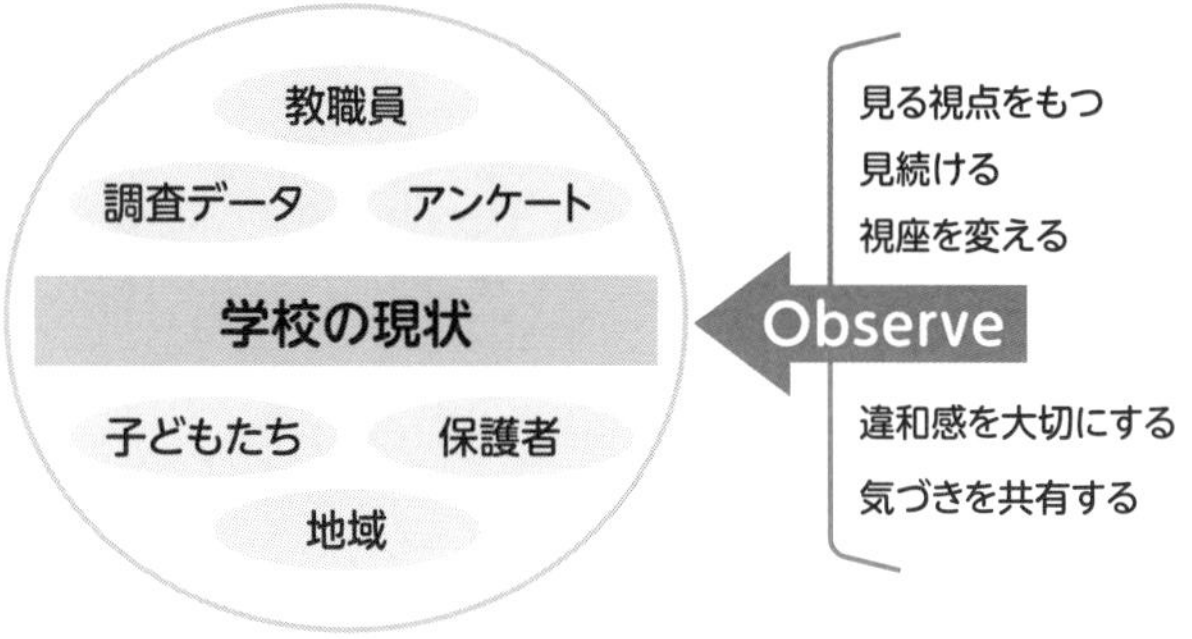

図　Observeの5つのポイント

さらに、子どもたちに関わるデータ、保護者アンケートや学校関係者評価等の結果も観察の対象となります。ＯＯＤＡループのスタートとなるＯｂｓｅｒｖｅでは、校長の「見る力」が重要です。同じ事象を見ていても、とらえ方は人によって異なります。自分の見方がすべてではないことを前提に、「見る力」を確かなものにしていく必要があります。そのためのポイントは次の５点です。

(1) 見る視点をもつ

見るための視点をもっていると、情報が飛び込んでくるようになります。人は無意識のうちに、視覚や聴覚などの感覚から入ってくる情報が自分に必要のあるものかどうかを取捨選択しています。しかし、自分にとって必要性の高い情報であると意識していると、自然にその情報が入ってくるようになります。

たとえば、いじめ防止を意識していると、子どもたちの会話の中からいじめに関わるような言葉が飛び込んでくるように、聴覚情報を無意識のうちに選択するのは「カクテルパーティ効果」、子どもたちの行動でいじめにつながるような動きに目がいくように、視覚情報がフォーカスされるのは「カラーバス効果」といいますが、無意識のうちに正常な状態と比較しているのかもしれません。

ここで大切なのは、正常な姿、理想の姿を思い浮かべておくことです。それが視点となって、目の前の事象とのギャップに気づくことになります。理想の姿、あるべき姿とは教育目標が実現している姿であり、校長が思い浮かべる理想的な学校の姿です。理想と現実のギャップが、解決すべき課題として見えてきます。

(2) 見続ける

「昨日よりも、つぼみが赤くなってきた」。アサガオを育てている1年生は、毎日世話をすることで、小さな変化にも気づくことができます。同じように、毎日見続けていると、いつもとの違いを変化として把握することができます。朝、子どもたちを校門で迎えることや、学校を巡回することは、定点観察であり、定時観察でもあります。

(3) 視座を変える

管理職のキャリア形成は、「視座の高まり」によってもたらされます。視座とは、ものごとを見る姿勢や立場を指します。校長には、自校の現状を見る「アリの目」から、国の教育の動向を俯瞰する「トリの目」までが必要です。担任の目で見ていることも、視座を変えて教育改革の動きに重ね合わせると、見えるものが違ってくるはずです。校長は、校長の視座だけでなく、いろいろな立場でものを見られるように、可変的な視座をもつことが必要です。そこには、保護者や地域の視座もあります。

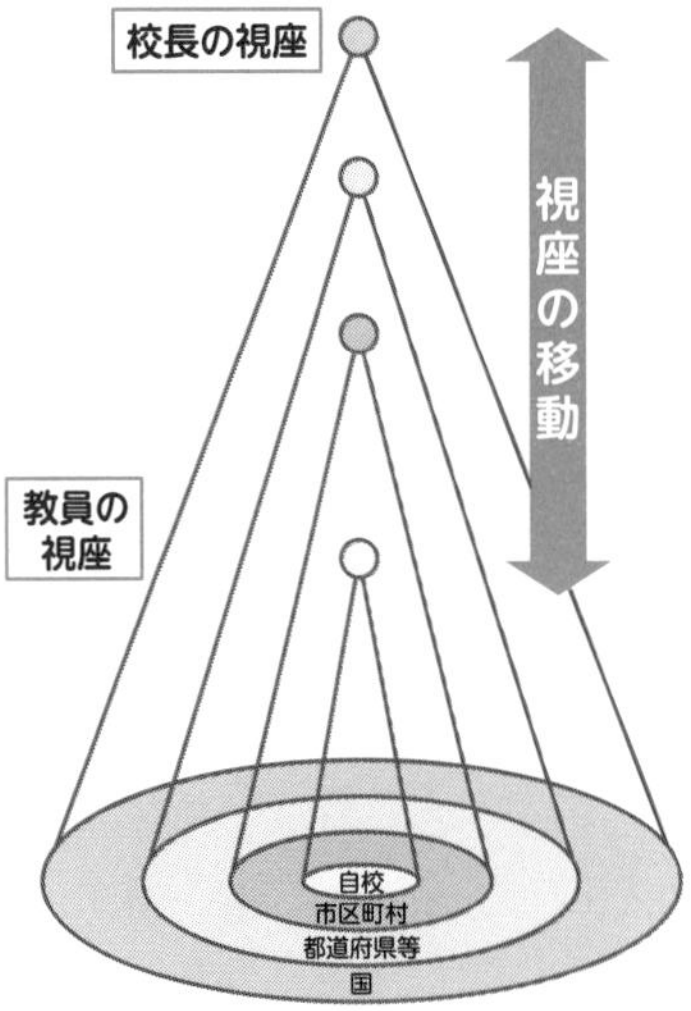

図　校長に求められる視座

(4) 違和感を大切にする

子どもたちの様子や教師の言動などから「あれっ」「何かへんだぞ」といった違和感をもつことがあります。そのままにしてしまうことが多いのですが、後で考えると、それが前兆だったということがあります。その時点で対応していれば大事にならなかったかもしれないと後悔することもあります。それが杞憂に終わったとしても、ちょっとした違和感を信じて、変化としてとらえることが大切です。長い教職経験を通して育まれる「教師の勘」は、信じるに値するものです。

(5) 気づきを共有する

校長の「見る力」は、他者の気づきを共有することで確かなものになっていきます。自分の見る目を信じつつも、他者の気づきを得ることで補完されます。特に、教職員に近い存在であり、共同経営者でもある副校長・教頭の気づきは貴重です。起きていることを正確に把握するためには、多面的・多角的な見方が必要であり、副校長・教頭が「見る」ことによって得られた気づきを大切にし、自分の見方も加えながら全体像をつくっていきます。この作業自体が、校長の視座を副校長・教頭に示すことであり、人材育成の場となります。副校長・教頭だけなく、他の教職員の気づきをキャッチする校長の習慣も「見る力」を確かなものにしていきます。

【コラム】３つの箱

学校には、子どもたちの生活の状況や気持ちを反映する「３つの箱」があります。３つの箱を見ることで、担任の指導の様子も見えてきます。校長の「見る」を実践する視点として大切にしたいものです。

●靴箱

子どもたちの靴箱を見れば、その学校の様子がわかると言われます。靴がきちんと揃っているということは、ちょっとした所作にも心を込めているということです。早く早くと心が急いている子は、とりあえず入れるだけで、靴を揃えることに意識が向きません。

靴の乱れは心の乱れ。逆に言えば、靴をきちんと入れれば心を落ち着かせることができます。形から入ることも大切。靴を履き替える所作によって「これから学校でがんばろう」「学校が終わった、家に帰ったら○○しよう」というスイッチを入れることができます。ある動作によって気持ちのスイッチ、モードの切り替えができるようになることは、汎用性のあるライフスキルです。

●筆箱

寝る前までに翌日の時間割を揃え、宿題や提出物を確認する。筆箱の中身も確認して鉛筆が丸まっていたり折れていたりしたら削る。消しゴムや赤鉛筆など、必要なものが揃っているかどうか確認する。家庭のしつけとして行われるべきものですが、小学校低学年の頃は関心をもって確認してくれた保護者も、学年が進めば当然できていると思って関心が薄くなっていきます。

筆箱が乱れてくるのは中学年以降です。鉛筆を削らなくなる、必要なものがなくなっていても気にしなくなる。当然できるはずのことができなくなっている子が出てきます。必要のない物が入っていたり、消しゴムが何個も入っていたり、折れた定規が入っていたり、筆箱が遊び道具入れになっている可能性もあります。学級でもときどき確認する必要があります。

●道具箱または収納箱（個人ロッカー）

学校で私物を入れる机の中の道具箱やロッカーは、どちらも十分な容積がなく、荷物がはみ出てしまいます。それでも、必要なものがちゃんと入っていること、取り出しやすいように整理されていることが大事です。常に整理されていれば何がどこにあるかがわかるだけでなく、なくなった場合にもすぐにわかります。

2　Ｏｒｉｅｎｔ　判断する

「ビジョン（理想の姿）」と現状を比較する

Ｏｒｉｅｎｔの意味は「方向を合わせる、正しい位置に置く、正しく判断する」です。Ｏｂｓｅｒｖｅで得た情報を分析し、判断するのがＯｒｉｅｎｔとなります。実際には、情報を集めながら同時並行で分析を始めているはずですが、あえてこの部分をクローズアップすることで、判断のステップを重点化し、その経過を明確にしていくという意味があります。

情報を分析し、判断するためには「比較」という思考法が重要になります。理想的な姿やあるべき姿を想定し、現状の観察から得た情報との比較によって明らかになったギャップが解決すべき課題です。あるべき姿、理想とする学校の姿は、校長のビジョン「見通し・展望」です。「校長はビジョンをもつべき」と言われますが、ビジョンをもたなければ、現状を分析し、判断することができません。

校長が「確かなビジョン」をもつための５つのポイント

校長のビジョンを確かなものにしていくために、次の５点を心がけたいと思います。

⑴ 自ら学び続ける教師を体現する

ビジョンをもつとは、自分の考えを明確にすることです。それは、校長として、教育者としての教育観を確立することにほかなりません。公教育としての役割、公私立も含めた学校の存在意義、地域や保護者との関係など、これまでの教師としての経験の中で培われてきたものだけでなく、校長としての学びが必要になります。それは、前項で述べたように、可変的な視座をもつことです。

⑵ 最新情報をキャッチする

学び続けるとは、常に最新情報をキャッチし、自らの考えや教育観をアップデートしていくことです。教育改革の動向はもとより、ＧＩＧＡスクール構想に関する情報は、常に最新のものをつかんでおく必要があります。最新情報を得る術をもっていることは校長としての強みとなります。教育専門雑誌や専門紙、インターネット情報のほか、一般書籍や一般紙も社会の動き、未来への道筋の理解に役立ちます。情報を活かすことができるかどうかは、受け手側がどのようにキャッチし、自らのものにするかにかかっています。

⑶ 将来を見通す

現行の学習指導要領は、２０３０年の社会と子どもたちの未来を見据えて改訂されたものです。しかし、その２０３０年も遠い未来ではありません。改訂から今までの間にも、新型コロナウイルス感染症の拡大やＧＩＧＡスクール構想の前倒しなど、大きな変化が続いています。まさにＶＵＣＡ《ブーカ》の時代の到来です（ＶＵＣＡとは、Volatility〈変動性〉、Uncertainty〈不確実性〉、Complexity〈複雑性〉、Ambiguity〈曖昧性〉の頭文字をとった言葉です）。

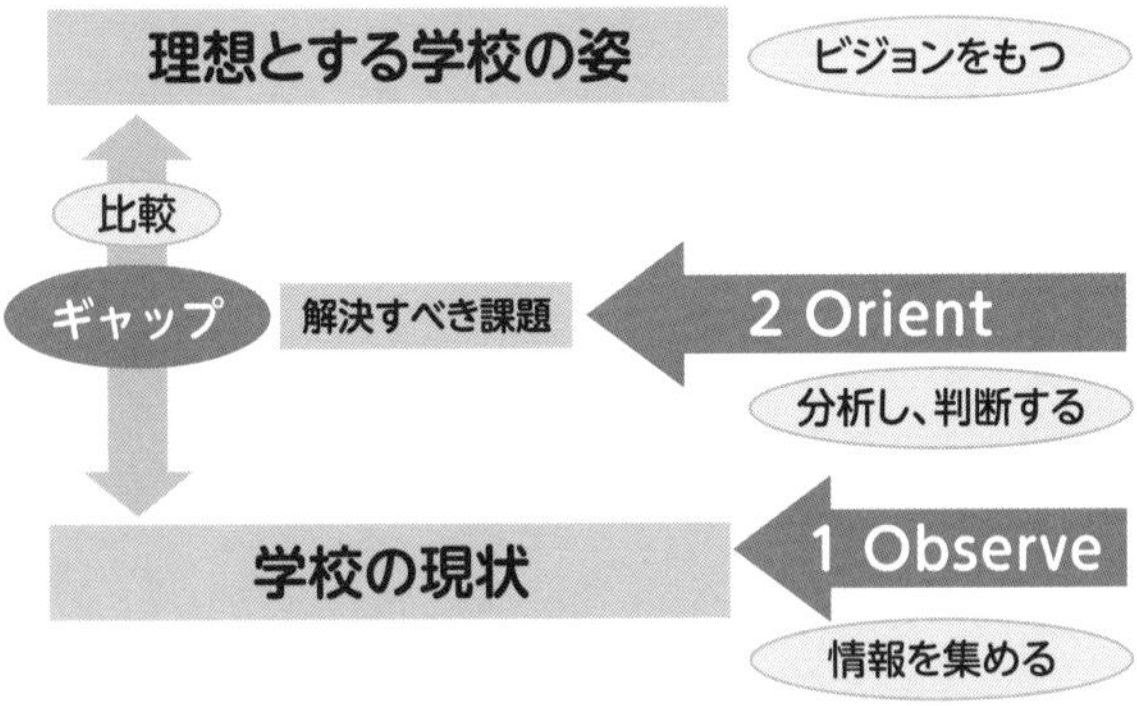

図　情報を集め、理想と現状を比較する

この時代を生きる子どもたちに必要な力を育んでいくことが、われわれの責任です。それは、変化に対応する力ではなく、変化を生み出していく汎用性の高い力であるはずです。目の前の子どもたちの10年後、20年後の姿、将来の姿を見通すことが、校長の確かなビジョンをつくります。

⑷　教育目標の具現化

現行の学習指導要領の総則には「教育課程の編成に当たっては、学校教育全体や各教科等における指導を通して育成を目指す資質・能力を踏まえつつ、各学校の教育目標を明確にするとともに、教育課程の編成についての基本的な方針が家庭や地域とも共有されるよう努めるものとする。」（傍線は筆者による）とあり、あらためて教育目標の意義を示すとともに、その見直しが求められました。これまで、画餅に帰していた感のある学校の教育目標ですが、すべての教育活動は、その達成をめざして行われていたはずです。校長として、あらためて自校の教育目標を見直したり、新たに価値づけしたりして、ビジョンとしての教育目標にしていく必要があります。

（5）学校経営計画に落とし込む

校長が作成する学校経営計画は、ビジョンを計画に落とし込んだものです。教育目標を達成するための具体的方策と、その成果を見取るための指標や評価方法を明らかにした経営計画は、学校評価とも連動しています。また、教職員や保護者、地域へ説明し、共有するためのツールにもなります。

ビジョンを明確にすれば、現状との比較によって、次に成すべきことが見えてきます。それがＯｂｓｅｒｖｅということになります。先に述べたように、Ｏｂｓｅｒｖｅ《観察》とＯｒｉｅｎｔ《判断》は、同時に行われます。そこには、直感や校長としての勘が働くからです。しかし、「勘」では説得力がありません。論理的に判断し、説明するためにも、理想とする学校の姿、あるべき姿とのギャップを明確にしていくことが大切です。

校長自身が、ビジョンや教育目標、その具体策である学校経営計画に立ち返って考え、判断する姿勢を教職員にも見せていくことで、校長のビジョンが浸透するだけでなく、マネジメントを円滑にしていきます。

③ Ｄｅｃｉｄｅ　決定する

大切なのは、組織的運営につなげること

Ｄｅｃｉｄｅの意味は「決める、決定する」で、Ｏｒｉｅｎｔで分析し、判断したことから、何らかの意思決定を行うことになります。その情報を発信することも含めてＤｅｃｉｄｅとなります。

明らかになった課題を解決するためにどうすればよいかを考える場面ですが、ここで大切なことは、組織的運営につなげていくことです。明確になった課題を解決するのは組織であり、校長ではありません。緊急に対応すべき事案など、校長の決断ですぐに動き出すこともありますが、基本的には組織としての意思決定が重要です。そのステップが学校の組織的運営であり、その繰り返しによって学校力は高まっていきます。

校長の意思決定がすべてではない

ＯＯＤＡループを回していくのは教職員であり、校長の役割は、ループをマネジメン

トしていくことです。もちろん、校長自身も自分の目でObserve《観察》し、Orient《判断》することは言うまでもありません。また、Decide《決定》するのも校長です。

ここで言うDecideには2つの意味があります。ひとつは、組織の長としての最終判断であり、責任を明確にすることです。もうひとつは、組織の一員として決定に関与していくことです。校長の判断や意思決定がすべてだと考えたら、それは独裁的であり危険です。フェイルセーフ（安全装置）としてのチェック機能も働かなくなります。校長も自らの考えを説明し、組織としての検討を経て、最終的に意思決定していくことが重要です。いわゆる決裁ルートの明確化による組織的運営を進めていくことが、総体としての学校力を高めていきます。

意思決定のための3つの条件

校長が判断したから、組織の総意だからという理由だけでは意思決定に至る論理性が担保されたとは言えません。意思決定をするには、次の3つの条件をクリアする必要があります。

(1) ビジョンとの整合性

前項（Ｏｒｉｅｎｔ：判断する）でも述べたように、校長の明確なビジョンに照らして学校の現状を分析し判断しています。教育目標の達成、学校経営計画の実現といったビジョンを具現化していくための意思決定であるということと整合性がとれていることが第一の条件です。それは、学校内外への説明の根拠ともなるものです。

(2) 一貫性と方向転換

その意思決定が、これまで進めてきた教育活動との一貫性がとれているかということも条件となります。しかし、状況によっては大きく方向転換を迫られることもあります。朝令暮改のようにとらえられることにもなりかねませんが、本当に改善すべきで

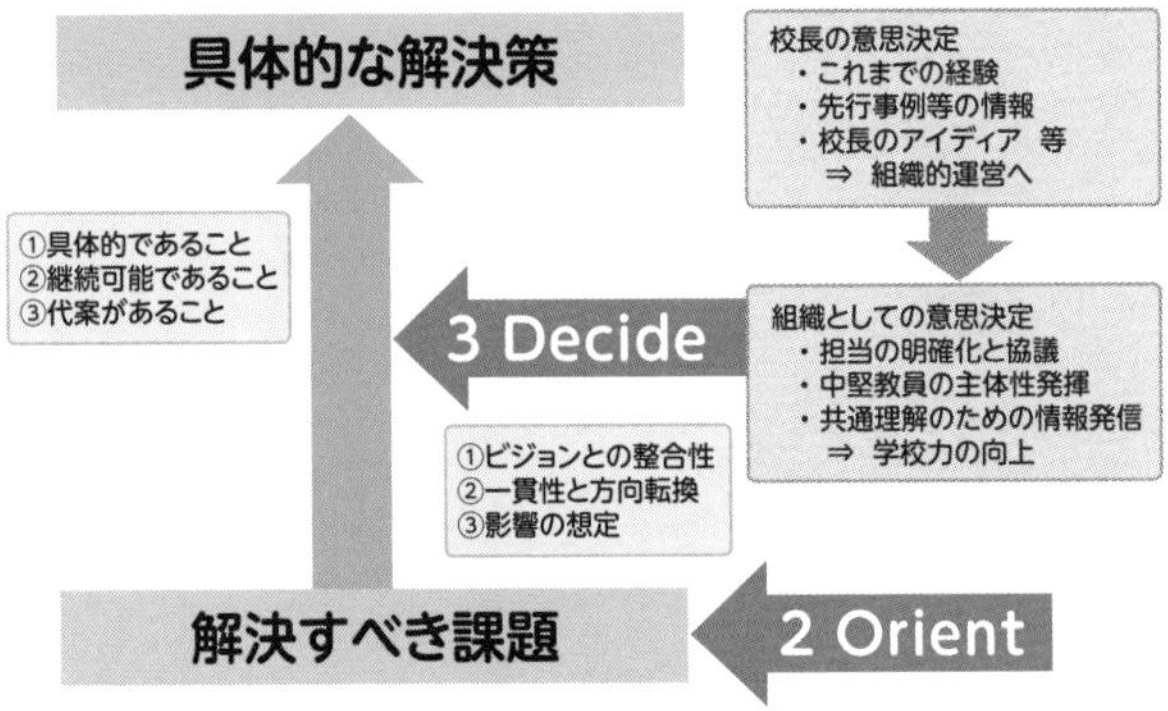

図　組織としての意思決定

あれば、十分な説明によって堂々と方向転換すべきです。最もよくないのは、前例踏襲主義に走り、真の改善方法を決定できないことです。

(3) 影響の想定

学校改善のために何かを始めようとする意思決定は、他への影響も考える必要があります。公教育であり、まして公立学校であればなおさらです。それは、安易に他校と足並みを揃えるということではありません。自校の取り組みが他校等に影響するのか否か、さらに影響があるならどのような手続きが必要かといった様々な想定をすることが条件であり、校長の職責でもあります。

実効性をもたせるための3つのチェックポイント

さらに、改善策を決定するにあたり、より実効性をもたせるために、その決定内容にも3つのチェックポイントがあります。

(1) 具体的であること

改善策の決定は、次のＡｃｔｉｏｎにつながります。その意味でも、具体的であることが大前提になります。いつまでに何を、どのようにといった具体性が必要です。

(2) 継続可能であること

どんなによい改善策でも、Ａｃｔｉｏｎに移行したときに無理を生じ、継続できなくなっては意味がありません。特に人的に継続可能かという視点が重要です。

(3) 代案があること

最善だと思って決定した策も、実際にＡｃｔｉｏｎに移したらうまくいかないこともあります。そのためにも、バリエーションや代案を想定しておく必要があります。

4 Ａｃｔｉｏｎ　実行する

現状を理想の形に近づける

Ａｃｔｉｏｎの意味は「具体的な行動、実行」です。Ｄｅｃｉｄｅで意思決定した具体的な解決策を、実行に移していきます。現状を理想とする姿に近づけていく具体的な作業が、このＡｃｔｉｏｎです。ＯＯＤＡループは、このＡｃｔｉｏｎに集約されると言えます。

また、Ａｃｔｉｏｎは、新たなループの始まりにもなります。行動を起こしながら常にＯｂｓｅｒｖｅを行っているのがＯＯＤＡループの特徴です。

Ａｃｔｉｏｎを進めていくのは、教職員一人一人です。共通理解はしているものの、共通実践がむずかしいというのが、組織に共通する課題です。この点については、情報を視点とする校長の役割として次章で説明していきます。

現状を理想の形に近づけるＡｃｔｉｏｎで留意したいのは、次の3点です。

(1) すぐに動く

Ａｃｔｉｏｎで最も大切なのは即応性、すぐに動くことです。ＯＯＤＡループの真骨頂とも言うべき部分です。計画を立てて、行動し、評価、改善を図るＰＤＣＡサイクルとの大きな違いはここです。Ｏｂｓｅｒｖｅ、Ｏｒｉｅｎｔ、Ｄｅｃｉｄｅを最短で進めても、最後のＡｃｔｉｏｎがすぐに始まらなかったら意味がありません。

Ａｃｔｉｏｎに即応性をもたせるには、前項で述べたように、具体的な改善策の３つの条件（①具体的であること、②継続可能であること、③代案があること）が必要になります。

さらに、誰もがその意味と、具体的に何をすればいいかを理解していなければならず、そのためには、次章で述べるように校長のファシリテーション能力が必要になります。また、その進捗状況を評価する役割を果たす人材も必要です。

Ａｃｔｉｏｎでは、学校が組織として動くことが重要であり、校長のマネジメント能力の発揮がポイントになります。

(2) 目的を見失わない

学校の教育活動にありがちな陥穽に、教育活動の目

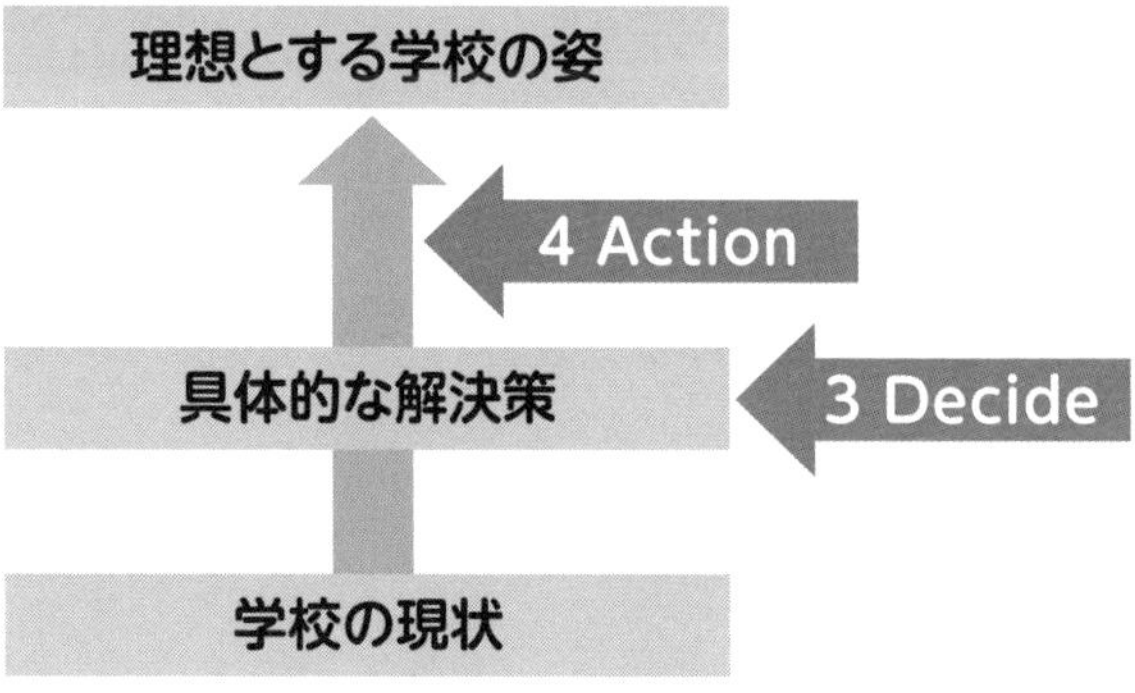

図　すぐに動く

的化があります。たとえば、学校行事として行われる運動会は、特別活動や学校行事の目標を達成するための手段です。しかし、われわれは運動会を成功させることに心を砕き、その過程や結果として培われるべき資質・能力に目が向かない傾向にあります。運動会を実施することが目的化してしまっているのです。

ＯＯＤＡループの根本は、現状をよりよくして理想の状況に近づけることです。それまでのステップを経て決定したＡｃｔｉｏｎも同様です。その行動が目的なのではなく、改善することが目的です。教職員一人一人が、常に「何のため」という目的を意識できるようにしていくことも校長のマネジメントのひとつです。

(3) Ｏｂｓｅｒｖｅを始める

Ａｃｔｉｏｎは「この方法をとれば改善するだろう」という仮説に基づいています。その時点では最善策として決定したはずですが、唯一の決め手になるものではない場合もあります。そこで、行動しながら評価していかなければなりません。冒頭で、Ａｃｔｉｏｎは新たなループの始まりになる、と述べたのはこのような意味です。

ＡｃｔｉｏｎをはじめながらＯｂｓｅｒｖｅを始めていくことで、改善すべき点が見えてきます。それが次のＯｒｉｅｎｔにつながります。そして、改善策をＤｅｃｉｄｅ《決定》することになります。

ここで生きてくるのが、具体的な改善策の３つの条件のひとつである「③代案があること」です。新たな策を練るのではなく、代案をためすことで時間が短縮されます。評価のスパンをどうするかという問題もありますが、改善にはスピード感が必要です。決定した方法にこだわり、なかなか変えることができない背景にも、学校の前例踏襲主義があるのではないでしょうか。

ＯＯＤＡループとＰＤＣＡサイクルの違いは「循環のスピード」

現状をＯｂｓｅｒｖｅ《観察》し、理想とする姿と比較しながらＯｒｉｅｎｔ《分析、判断》して解決すべき課題を明確にする。その具体的な解決方法をＤｅｃｉｄｅ《決定》して、Ａｃｔｉｏｎ《行動》に移すという一連の行動がＯＯＤＡループです。それは、現状を理想の形に近づけていくための手法です。計画を立てること（Ｐｌａｎ）から始まるＰＤＣＡサイクルと、現状に合わせて行動計画を立てるＯＯＤＡループの違いは、後者は理想の状態を明確にしていくことができること、さらにその循環のスピードが早いことです。また、この循環自体が校長のマネジメントそのものであると言えます。

本章では概念的な説明になりましたが、次章では具体的な場面を想定して、どのようにOODAループを進めていくかを説明していきます。

第2章

ＯＯＤＡループの活用法

――学校改善の進め方と各段階で求められる校長の資質・能力

Orient　Observe　Decide　Action

1 「カリキュラム・マネジメント」をOODAループで改善する

本章では、事例をもとに、OODAループを活用して「カリキュラム・マネジメント」を改善していく方法を紹介します。そのうえで、各段階で校長に求められる資質・能力を解説していきます。

事例校の状況

J小学校では、校長の経営計画の柱のひとつに「カリキュラム・マネジメントによる教育活動の推進と授業改善」を掲げ、子どもたちの資質・能力の育成を図っていくことにしました。年度当初、教科等の内容や見方や考え方を関連づけて指導していくことについて共通理解を図り、週の指導計画への記載による教員の意識づけや研究授業による検証等を計画しました。

しかし、1学期の半ばになっても期待されるような変化は見られませんでした。そこで校長は、学校の現状をObserveし、改善策を講じていくことにしました。

Observe 観察

週の指導計画の記載内容、日々の授業観察

学級経営と学習指導の充実に向けて邁進している新任のA教諭の週の指導計画には、カリキュラム・マネジメントに関する記載はありませんでした。学年会等で、学年主任から説明があったはずですが、理解はむずかしかったようです。

教職3年目のB教諭の週の指導計画には「生活科の経験と関連させる」「1年生での学習を想起させる」などの記載がありましたが、実際に授業を見てみると、本時のねらいの達成が精一杯で、他教科との関連や既習事項の想起といった場面を確認することはできていませんでした。

5年生を担任しているベテランのC主任でも、カリキュラム・マネジメントを意識した授業は実現できておらず、その状況について確認したところ、すべての時間でカリキュラム・マネジメントを実現することはむずかしいという話をしてくれました。

研究協議会等での発言

カリキュラム・マネジメントを検証する研究授業では、提案授業としてはねらいが達成できたものの、その後の研究協議会では「正直、カリキュラム・マネジメントの意味

がよくわからない」「実践するためには教材研究の時間が足りない」などの発言がありました。また、「カリキュラム・マネジメントは、管理職と教務主任が考えることではないか」といった声もあがりました。

基幹教員等への聞き取り

その後、教務主任のD主幹教諭からは、カリキュラム・マネジメントの共通理解が足りないこと、自分自身もうまく説明できないという課題があげられました。

Orient 判断・方向づけ

教職員を対象とするObserveで、校長は以下のように現状を分析しました。

①カリキュラム・マネジメントの3つの側面が整理されていない
②共通理解が進まないまま教職員が「カリキュラム・マネジメント」を語っている
③教育課程の意味や意義、学校評価との関係の理解が不十分である

カリキュラム・マネジメントには、次の3つの側面と役割分担があります。

(1) 教育の目的や目標の実現に必要な教育の内容等を教科等横断的な視点で組み立てて

いくこと ⬇ 教員一人一人が授業の中で実践する

(2) 教育課程の実施状況を評価してその改善を図っていくこと ⬇ 管理職を中心に全教職員が関与する

(3) 教育課程の実施に必要な人的・物的な体制を確保するとともに、その改善を図っていくこと ⬇ 全教職員が関与しながらつくりあげていく

これらができていないことが根本原因であり、解決すべき課題は「カリキュラム・マネジメントについての理解促進」であると判断しました。具体的に、**3つの側面と役割分担を明確にする**こと、**授業改善の視点を共有し共通実践する**こと、**教育課程そのものや改善についての理解を図る**ことをめざしていくことにしました。

Decide　意思決定

明らかになった課題について、教頭や教務主任のD主幹教諭と情報共有しました。

本人の言葉どおり、教務主任の理解も曖昧なところがありましたが、教育課程の基本的考え方であるカリキュラム・マネジメントの理解と徹底は、学校の教育目標やその実現の道筋としての学校経営計画等のビジョンと整合性がとれていることを確認しました。

さらに、学年主任会、関係分掌等への説明と具体的解決策の検討を指示しました。この状況は他校でも同様であると考えられ、校長会等でも情報共有していくことにしました。具体的な解決策、対応策は以下の3点に決定しました。

1 教科等の指導計画には教科等横断的な記載がありましたが、活用するには十分ではないことも明らかになり、見直しを図ることを決めました。**週の指導計画に教科等横断的な視点を記載する欄を設けて記載**することにしました。

2 いわゆる学校評価は、経営計画の進捗状況の評価であり、それは教育課程の評価となります。教職員一人一人がその教育課程の進捗を意識し、教育課程の改善につなげていくことにしました。**学校評価の意義とその過程を明確化**するため、教職員の努力指標に基づく自己評価の過程を逐一説明していくこととしました。

3 いつもお世話になる外部人材はほぼ決まっています。そこで、**外部人材等の活用を教科等の指導計画に位置づけ**、別紙を添付することにしました。

Action 実行

1 週の指導計画に教科等横断的な視点を記載する欄を設けて記載

Ｄ主幹教諭に、教科等横断的な内容を記載できるように、週の指導計画のフォーマットの作成を指示しました。教科の縦のつながりと横のつながりを記号で分けるようにし、週案簿には全学年の教科等の指導計画を添付できるようにしました。

初任のＡ教諭からは、前の学年の学習内容を意識して指導計画を作成できるようになったという感想がありました。Ｃ主任は、自分のノートを見返す子どもたちが増えてきたという変容に気づきました。

教科等横断的な視点で学びを構成していく力は、学びにリアリティをもたせ、子どもたちの学びに向かう力につながります。ここで、子どもが学びをつなげていく力をどうとらえ、どのように評価するかが新たな課題として明らかになってきました。

2　学校評価の意義とその過程の明確化

学校評価は校長の経営計画の進捗状況の評価であり、それはすべての教職員の取り組みの状況を評価し、次年度につなげるものでもあります。それこそがカリキュラム・マネジメントの側面のひとつですが、学校評価とカリキュラム・マネジメントがつながっていなかったことが問題でした。管理職としての情報発信が足りなかったことを反省させられました。

校長の学校経営計画の進捗状況を評価する指標として、教職員の努力指標、子どもたちや保護者の評価によって決まる成果指標があり、その2つの指標によって1年間の学校経営を振り返り、自己評価を行っていくことが教育課程の評価としてのカリキュラム・マネジメントであることを、教職員に説明しました。学校行事だけでなく、日々の授業も教育課程という括りで見ていくことで、教職員の学校経営への参画意識を高めていきました。

中間評価では、教科等横断的な視点の授業改善についての努力指標を設定しました。これにより、教職員の意識が高まってきました。

3 外部人材等の活用の指導計画への位置づけ

教務部会のE主任に「外部人材カード」の作成を指示し、データベース化していくことにしました。すでに実施したものについては学年主任等に作成を指示し、実施計画の別紙として蓄積していくことにしました。D主幹教諭からは、学年主任の申し送り事項が情報として蓄積され、供覧できることに意味があると思うとの発言がありました。

新たな課題へのOODAループへ

言葉が先行した「カリキュラム・マネジメント」ですが、Ａｃｔｉｏｎの３つの取り組みによって、本質に迫りつつあります。何より教職員一人一人の意識が変わってきたことが大きいと思います。校長は、授業観察を通して「前に勉強しなかった？」「習ったことは使えない？」「何かに似ていない？」「ノートをめくってみよう」といった教師の言葉が増えてきたことに気づきました。教科等横断的なカリキュラム・マネジメントを実現する言葉として大切にしていきたいと考えています。

新たな課題としては、外部人材の活用に関して、教職員の個人的なつながりで協力をお願いしていた状況があり、それらを学校として整理していく必要性が生まれました。さらに、これまでの状況から、外部人材の活用が目的化していることも明らかになりました。教育課程上の位置づけと子どもたちの資質・能力の育成への効果検証という本来のカリキュラム・マネジメントを行っていく必要性が出てきました。

また、子どもたちが学びをつなげていく力をどうとらえ、どう評価するかということも新たな課題として明らかになってきました。いわゆる「学びに向かう力」をどう評価していくかということにも関連します。校長の新たなＯｂｓｅｒｖｅが始まりました。

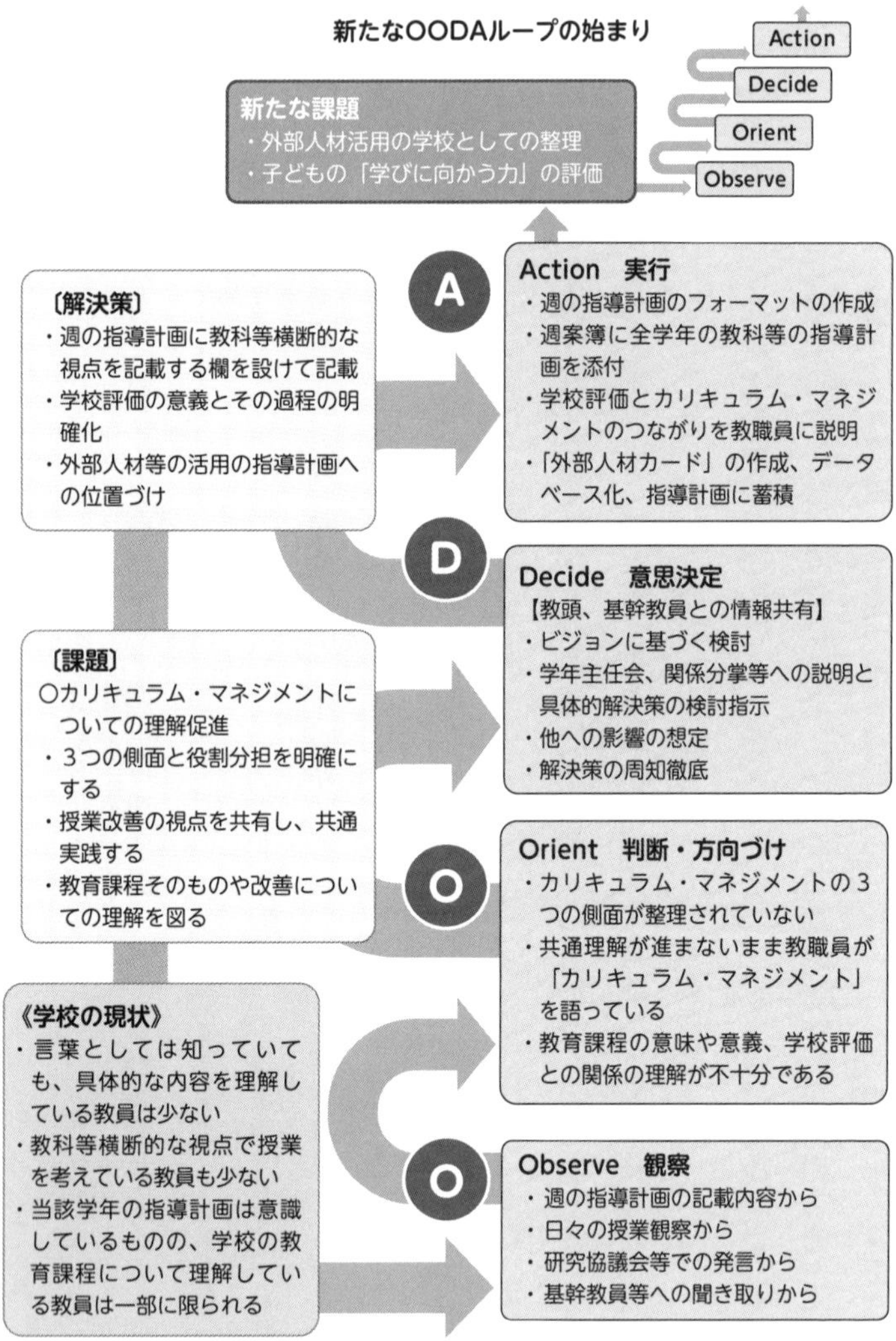
新たなOODAループの始まり
Action
Decide
Orient
Observe
新たな課題
・外部人材活用の学校としての整理
・子どもの「学びに向かう力」の評価
A
Action　実行
・週の指導計画のフォーマットの作成
・週案簿に全学年の教科等の指導計画を添付
・学校評価とカリキュラム・マネジメントのつながりを教職員に説明
・「外部人材カード」の作成、データベース化、指導計画に蓄積
〔解決策〕
・週の指導計画に教科等横断的な視点を記載する欄を設けて記載
・学校評価の意義とその過程の明確化
・外部人材等の活用の指導計画への位置づけ
D
Decide　意思決定
【教頭、基幹教員との情報共有】
・ビジョンに基づく検討
・学年主任会、関係分掌等への説明と具体的解決策の検討指示
・他への影響の想定
・解決策の周知徹底
〔課題〕
○カリキュラム・マネジメントについての理解促進
・3つの側面と役割分担を明確にする
・授業改善の視点を共有し、共通実践する
・教育課程そのものや改善についての理解を図る
O
Orient　判断・方向づけ
・カリキュラム・マネジメントの3つの側面が整理されていない
・共通理解が進まないまま教職員が「カリキュラム・マネジメント」を語っている
・教育課程の意味や意義、学校評価との関係の理解が不十分である
《学校の現状》
・言葉としては知っていても、具体的な内容を理解している教員は少ない
・教科等横断的な視点で授業を考えている教員も少ない
・当該学年の指導計画は意識しているものの、学校の教育課程について理解している教員は一部に限られる
O
Observe　観察
・週の指導計画の記載内容から
・日々の授業観察から
・研究協議会等での発言から
・基幹教員等への聞き取りから

「カリキュラム・マネジメント」をOODAループで改善する

２　ＯＯＤＡループの中での振り返り
――各段階で求められる校長の資質・能力

よいループの条件

ＯＯＤＡループのループとは「輪」を意味します。Ｏｂｓｅｒｖｅ⬇Ｏｒｉｅｎｔ⬇Ｄｅｃｉｄｅ⬇Ａｃｔｉｏｎがスムーズに流れることによって、ループは完成します。それを保障するのは、各段階へと移行する場面で、整合性や合理性といった論理の一貫性が担保されていることです。

逆に、次のステップへ移行する際に論理的飛躍や思い込みといった誤謬《ごびゅう》があると、ループが成り立ちません。それぞれの接続部では、校長の資質・能力が発揮されることになります。

接続部分で発揮される校長の４つの資質・能力について、前述の「カリキュラム・マネジメント」で考えていきたいと思います。

1　Ｏｂｓｅｒｖｅ（観察）からＯｒｉｅｎｔ（判断）へ
～校長のアセスメント能力の発揮～

大切なのは日常的な観察

カリキュラム・マネジメントへの取り組み状況について校長は、週の指導計画を確認したり、教職員に個別に話を聞いたりして情報を集めました。この際、重要なのは、どこから情報を得るかという選択です。すべての教職員から話を聞くことができればよいのですが、それでは時間がかかり時宜を逸してしまいます。教職員との日常的な関わりや観察を通して状況を把握しておけば、情報源の選択に時間はかかりません。校長の日常的な観察が重要になります。

アセスメント能力の向上には判断規準の精度を上げる

さて、Ｏｂｓｅｒｖｅ《観察》を経て校長は、次のようにＯｒｉｅｎｔ《判断》しました。

①カリキュラム・マネジメントの３つの側面が整理されていない。

②共通理解が進まないまま「カリキュラム・マネジメント」を語っている。
③教育課程の意味や意義、学校評価との関係の理解が不十分である。

観察を通して得た事実をどう評価するか、校長のアセスメント能力が問われることになります。アセスメントとは、対象を客観的に観察し、評価することです。

現状から課題を見出すには、理想的な状態を理解していることが前提です。現状と理想の差異点が解決すべき課題となります。カリキュラム・マネジメントとは何か、どのような状態になっていることがカリキュラム・マネジメントによる教育活動と授業改善が進んでいる状態と判断できるのかといった確かな判断規準が必要です。

この判断規準が曖昧だったり、ぶれていたりするとスムーズな接続ができません。それこそが、悪いループの始まりです。

アセスメント能力を高めるには、現状を客観的に評価するための判断規準の精度を上げる必要があります。幅広い知識だけでなく、他者の実践から学ぶこと、日々の取り組みを経験値として獲得していくことが必要になります。

第1章の1の②（18頁）で示したように、校長のアセスメントは「公立の小学校等の校長及び教員としての資質の向上に関する指標の策定に関する指針」（令和4年8月改正）において、これからの時代に求められる校長の能力として示されました。様々なデータや学校が置かれた内外環境に関する情報について収集・整理・分析し共有することが校長のアセスメントであると説明されていますが、これはまさにＯＯＤＡループにおけるＯｂｓｅｒｖｅからＯｒｉｅｎｔの段階で発揮されるものです。

2 Ｏｒｉｅｎｔ（判断）からＤｅｃｉｄｅ（決定）へ
～校長のコミュニケーション能力の発揮～

情報共有・説明・コミュニケーションが重要

自校におけるカリキュラム・マネジメントの現状を把握し、３つの判断をした校長は、教頭や教務主任と情報を共有しました。Ｏｒｉｅｎｔ《判断》からＤｅｃｉｄｅ《決定》へ、この段階で重要なのは情報共有と説明、コミュニケーションです。それは、校長の独善的な判断や誤った判断を回避するための大切なプロセスであり、よりよい解決策へとブラッシュアップするためのステップです。

他者の意見を聞いて判断を変えたり、決定した解決策を見直したりすることをためらうことはありません。自らの考えに固執するのではなく、様々な意見を聞いて判断することこそ、校長のプライドだと考えるべきです。

学校組織にも「対話」が必要

さて、校長は具体的な解決策、対応策を以下の３点に決定しました。

ⅰ　週の指導計画に教科等横断的な視点を記載する欄を設けて記載する。
ⅱ　学校評価の意義とその過程を明確にする。
ⅲ　外部人材等の活用を指導計画に位置づける。

決定したことをただ指示するだけでは上意下達になってしまいます。決定に至った経緯など、十分な説明が必要です。ここでは、校長のコミュニケーション能力が問われます。コミュニケーションというと、発信することばかりに力点が置かれ、いかに伝えるかを考えてしまいがちです。しかし、それ以上に重要なのは相手の話を聞いて理解する力です。話を聞いて問い返していくことで理解が深まっていくのは、授業における子どもたちとのやりとりと同じです。子どもたちに対話的学びが求められているように、学校組織の中でも対話を重視しなければなりません。

3 Decide（決定）からAction（実行）へ
～校長のファシリテーション能力の発揮～

意図を説明し、意見を聞く

Ｄｅｃｉｄｅの場面で決定した内容をＡｃｔｉｏｎに移すのは、校長だけではありません。ほとんどの場合、教職員一人一人が行動に移すことで改善に向かうことができます。校長の思考を実現させるにはＤｅｃｉｄｅ《決定》からＡｃｔｉｏｎ《実行》への接続を丁寧に行うことが必要です。

カリキュラム・マネジメントを実質化するために校長は、３つの対応策を決定し、週の指導計画のフォーマットの作成をＤ主幹教諭に指示したり、Ｅ主任には「外部人材カード」の作成を指示したりしました。この場面では、単に作成を命じるのではなく、校長の意図を説明し、担当者の意見を聞きながらよりよいものにしていくという作業が必要です。この能力こそ、ファシリテーション能力です。

ファシリテーターは、話し合いや会議を円滑に進める役割であり、子どもの学びの伴走者である教師には、ファシリテーターとしての役割が求められています。それは、子どもたち一人一人のよさを引き出し融合させ、新たな知を創造し、共有していく営みであると考えることができます。校長も同様に、学校内外の人々の多様性を生かし、シナジー（相乗効果）を生み出すことをめざすことが必要になります。それを可能にするためには、校長のファシリテーション能力が必要になります。

校長のファシリテーション能力を確かにする5つのポイント

校長のファシリテーション能力についても、先に示した「公立の小学校等の校長及び教員としての資質の向上に関する指標の策定に関する指針」（令和４年８月改正）において、アセスメントと並んでこれからの時代に求められる校長の能力として示されています。学校内外の関係者の相互作用により学校の教育力を最大化していくことが示されていますが、校長のファシリテーション能力を確かなものとするためには、次の５点がポイントとなります。

①組織目標を明確にする

教育目標の具現化のための学校経営計画をより実効性のあるものにし、組織の中で共有することを心がけなければなりません。めざす方向がぶれていたり、その到達の道筋が曖昧だったりするとファシリテーションの前提が崩れてしまいます。

②常に対話で物事を進める

特定の教職員だけでなく、すべての教職員と対話をする必要があります。先入観をもたず、まず話を聞き入れる態度が重要になります。多様性を保障すれば、新たな視点が生まれることもあります。これからの時代、画一化はリスクでしかありません。

③問い返しによって思考を深める

授業において「発問」が重要な役割を果たすように、ファシリテーションにおいても発問と問い返しが重要です。なぜそう考えたのかといった問い返しによって、問題はより核心に迫っていきます。相手の思考も深まり、新たな発想を誘発します。

④経過を共有する

組織の中で一部の人にしか情報が伝えられなかったり、人によって情報が異なっていたりしていては、組織としてのモチベーションが下がるだけでなく、不満や不安がたまります。組織が改善に向かう時、その経過も含め、あらゆる情報は共有されるべきです。情報で組織をコントロールすることは行うべきではありません。全体に周知する方法として、口頭だけでなく、校務支援ソフトの掲示板や一斉メール等を活用することで、情報が誤って伝わることを回避できます。

⑤常に組織目標に立ち返る

決定したことを実行に移す段階で、何のためにそれを行うのか、といった目的から離れていってしまうことがあります。具体的な方法、手段にばかり目が向いてしまい、いつのまにか手段が目的化してしまいます。本事例でも、フォーマットや外部人材カードの作成はあくまで手段です。作成が目的ではなく、それらを活用することでカリキュラム・マネジメントがうまく進むことが目的です。ファシリテーターとしての校長には、常に組織目標に立ち返る思考が求められます。

校長のファシリテーション能力は、ＯＯＤＡループを進めることによって確かなものになっていきます。

4 Action（実行）から新たなObserve（観察）へ
～校長のリスクマネジメント能力の発揮～

➤OODAループは校長のリスクマネジメントから始まる

Observe⬇Orient⬇Decide⬇Actionの流れは、Action《実行》によって区切りとなります。しかし、ループをつくるにはActionは新たなObserve《観察》の始まりでなければなりません。その意味で、ループは次のループへとスパイラルにつながっていきます。

事例では【新たな課題へのOODAループへ】としていますが、実行に移せば必ず次の課題が見えてくるはずです。もしかしたら、ループのどこかの場面でミスがあり、Actionが空回りすることもあります。

Actionから新たなObserveへ、ここで求められる校長の資質・能力は「リスクマネジメント能力」です。リスクマネジメントとは、これから発生するかもしれないリスク（悪い事象が起こる可能性）を想定して洗い出し、それを回避するための管理行動です。危機に陥らないようにする、危機にしないことが最大の危機管理です。

カリキュラム・マネジメントの事例では、校長はObserveを通して、カリキュラム・マネジメントが進んでいないことを把握しました。もし、ここで何もしなかったら、時間を浪費するだけでなく、経営計画が画餅に帰すことになりかねません。このような状態ではまずい、教育課程の危機だと考えられることが、校長のリスクマネジメントということになりま

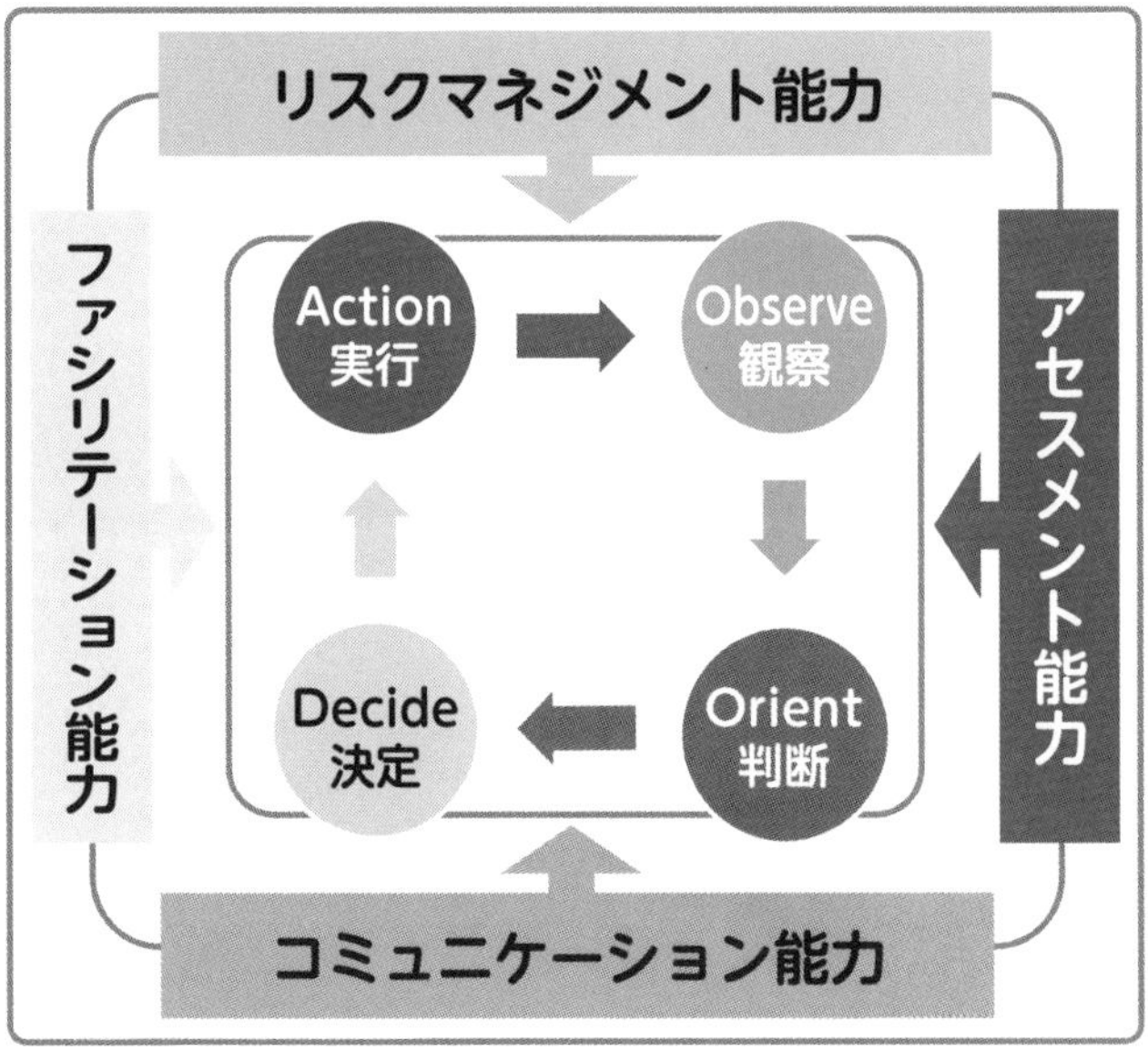

図　OODAループで求められる校長の資質・能力

す。

その意味で、すべてのＯＯＤＡループは、校長のリスクマネジメントから始まっていると考えることができます。校長は、常に最悪の事態を想定して事象を観察していくことが大切です。校長の危機意識の程度によって、学校を危機にさらすことにもなれば、危機を回避しながら改善に向かうこともできます。ＯＯＤＡループで最も大切なのは、このリスクマネジメント能力と言えます。

次章では、ＯＯＤＡループを使って学校課題を改善する具体的な８つの事例をご紹介します。現任校で実際にＯＯＤＡループを活用する際の参考にしてみてください。

第3章

学校の課題を ＯＯＤＡループで改善する ８つの実践例

Orient　Observe　Decide　Action

1 働き方改革――「やれることはやっている」の思い込みからの脱却

事例校の状況

学校における働き方改革への取り組みは、学校経営の重要な柱のひとつとなっています。教職員が働きやすく、持てる力を発揮できる環境をつくるため、K小学校の校長は、学校経営方針に「学校における働き方改革の推進」を掲げ、職場環境の改善を図っていくこととしました。昨年度から進めてきた会議の精選をさらに進めるとともに、校務支援ソフトの活用や毎週水曜日を定時退勤とすることなどを年度当初の経営方針として説明しました。しかし、教職員の反応が鈍いことが気がかりでした。

年度当初の忙しさも落ち着いた5月初旬の土曜日、校長は地域行事に参加するために学校に立ち寄りました。すると3人の教員が職員室で仕事をしていました。中堅教員のA教諭に声をかけると、「仕事が終わらなくて」と笑いながら話してくれました。学年主任で新規採用のB教諭の指導も任されているA教諭は、自分の仕事はどうしても後回しになってしまうようでした。他の2人も授業準備や学級事務をしていました。学校における働き方改革の推進を掲げたものの、これまでと何も変わっていませんでした。

年度当初の教職員の反応はこれだったのかと気づいた校長は、現状をObserveし、早急に改善策を講じていくことにしました。

Observe 観察

学年主任からの聞き取り

学年主任であるA教諭にあらためて話を聞いてみると、A教諭と同学年を組んでいる初任のB教諭は、日々の授業と学級経営に追われる日々で、学年の仕事を任せられる状態ではありません。そんな状況でA教諭は毎日のように授業や学級経営についての指導を丁寧に行っています。常によりよい授業をめざしているA教諭の休日出勤は、その穴を埋めるためのものでした。他学年を見てみると、やはり学年のメンバーの組み合わせによって学年主任の勤務時間が長くなっていることがわかりました。

時間外在校時間の確認

K小学校では、ICT機器を活用した出退勤管理が行われています。教職員一人一人の在校時間の把握ができることから、校長は4月の時間外在校時間を確認してみることにしました。すると4月の平均時間外在校時間は95分でした。4月の特異性はあるものの、180分を超える教員も数人いました。昨年度の4月の状況もほぼ同じで、何も改善されていないことが明確になりました。

スクール・サポート・スタッフ等の活用状況の確認

K小学校ではすでにスクール・サポート・スタッフ（以下、SSS）が配置され、校務支援を担っていました。しかし、教職員も何をしてもらえばいいのかわからず、十分活用しているとは言えない状況にありました。さらに、校務改善を進めるために導入された校務支援ソフトですが、その機能はあまり生かされておらず、紙ベースや口頭でのコミュニケーションが主流となっていました。

会議の実施状況の把握

会議の精選についても、週予定に設定した会議等は減らしているものの、自主的に学年会や部会を開催しており、それは半ば常態化していました。このことについては昨年度から認識していたものの、自主的なものだからということで特に触れてこなかったことでした。

教頭・基幹教員との情報交換

さらに、校長は教務主任のC主任と教頭と情報交換を行いました。両者とも学校における働き方改革についての意識改革は進んでいるものの、すでにやれることはやっているというあきらめにも似た空気が流れているのではないかという意見でした。

Orient　判断・方向づけ

教職員を対象としたObserveで、校長は以下のように現状を分析しました。

①学校における働き方改革の本来の趣旨が浸透していない
②自らの働き方を見直したり、在校時間に意識は向いたりしているがその先の行動につながっていない
③互いに仕事を補完しあうなどの同僚性が発揮されておらず、仕事量の偏りが大きくなっている

学校における働き方改革の目的は、教職員の本来業務である子どもたちと関わる時間や授業準備の時間を確保するために、それ以外の業務を見直し、削減したりアウトソー

シングしたりするというものです。しかし、教職員によっては仕事を減らすことが学校における働き方改革だと誤解している者もいます。そのことで教職員の仕事量の差が広がっており、**あらためて学校における働き方改革の趣旨を徹底する**必要があると判断しました。

また、限られた時間で最大限の効果を出すという公務員としての働き方への意識は薄く、いまだに時間をかけることがよいことだと思っている教職員も少なくありません。学校の働き方改革が進まない原因はここです。**勤務時間の中で最大の効果を出せるような仕事の仕方への意識改革**が必要です。

一方で、A教諭のように若手教員の育成のために時間を取られることや、教職員個々の資質・能力の差による必要時間の違いがあるなど、**仕事量の偏りを是正するとともに、同僚性を発揮できる体制づくり**も必要であることを判断しました。

Decide　意思決定

明らかになった課題について、教頭や教務主任、学年主任と情報共有しました。ここでも、働き方改革に関わる認識や取り組み姿勢に温度差があることがわかりました。

教務主任からは、あらためて意識改革が必要であり、そのためには明確な方策を示すべきではないかという意見が出されました。また、学年主任からは仕事の量を減らすことが先決だとの意見もありましたが、別の学年主任からは「学校のムダ、ムリ、ムラ」を洗い出してみることも必要ではないかという意見が出ました。

校長は、自分のＯｂｓｅｒｖｅ《観察》やＯｒｉｅｎｔ《判断》の方向性に間違いがなかったことを確信し、具体的な対応策を以下のように決定しました。

1　学校における働き方改革の本来の趣旨を浸透させるために、校長が**「Ｋ小学校働き方改革グランドデザイン」を策定**し、教職員に周知徹底するとともに、学校のホームページを通して広く公開することにしました。

2　働き方を意識しながら効率的に仕事を進めるために、学年部会や校務分掌の部会内での十分な検討と共有が図れるよう、**学年主任や部会長の役割を明確に**することにしました。特に進行管理については、決済システムと連動させ進行状況を可視可するとともに、適切な支援ができるような仕組みをつくることにしました。

3 互いに仕事を補完しあうなどの同僚性を発揮していくために、学年主任を中心に**「校務改善チーム」を組織**し、仕事の重なりのチェック、様々なデータや校務支援ソフトの効果的な活用について検討し、積極的に発信していくことにしました。

Action 実行

1 働き方改革グランドデザインの策定と周知

学校経営のグランドデザインをベースに、学校における働き方改革が進んでいる理想的な姿を想定し、それに近づけるための5つの具体策を立てました。

①「校務改善チーム」の立ち上げとムダ・ムリ・ムラを減らす校務改善
②在校時間を意識した仕事の仕方と週1回の定時退勤日の設定
③校務支援ソフトの活用による校務改善と会議・打ち合わせの削減
④勤務時間の変更による長時間勤務の解消
⑤SSS等の支援スタッフの充実とアウトソーシング

特に④の勤務時間の変更は、8時15分~16時45分としていたところを、8時~16時30分としました。ほとんどの教職員は8時前に出勤して仕事を始めており、少しでも実態に合わせた形にすることで、放課後の働き方を意識できるようにしました。

また、すでに教育委員会からも文書が出されていましたが、保護者からの学校への電話連絡は緊急時を除き、午後5時までにしていただくことをあらためて周知しました。

2　学年主任や部会長の役割を明確化

具体策①を実現する方策として、学年主任に学年の仕事や個々の教職員が行うべき仕事を明確にし、適切に役割分担するとともに進行管理を担うよう指示しました。特に若手教員が所属している学年には、何でも引き受けるのではなくOJTとして仕事を任せながら育成していくことの重要性を伝えました。

校務分掌の部会長には、分掌内の仕事を整理しながら適切に割り振るとともに決済システムと連動させて進行管理と指導・助言を行うよう指示しました。その統括として教頭を位置づけることで、中堅教員としての部会長の育成を図っていくことにしました。

3　「校務改善チーム」の組織

教務主任、学年主任、教頭で構成する校務改善チームを組織し、校務改善の具体策を提案しました。早速、校務支援ソフトのコミュニティ機能を活用して情報共有を図ることが提案されました。これにより毎日行っていた職員夕会は週末のみとし、伝達だけの打ち合わせを削減することにしました。また、校務分掌の部会運営では、事前に会議室機能に資料をアップしておき効率化を図っていくことにしました。

課題であったSSSの活用についても、依頼する仕事の指示方法はスケジュールなどをシステム化することが提案され、さっそく実現しました。

新たな課題へのOODAループへ

学校における働き方改革がやっと具体的に動き出した感があります。「やれることはやっている」と思っていましたが、それは思い込みでした。すでに多くの学校が取り入れていることもできていなかったという反省もあります。

ICT活用により、さらなる改善ができそうです。「ICTは不得意です、紙のほうがいいです」と言っていた教職員も、必要に迫られて使うようになると、誰より活用しているように見えます。教職員の1人1台端末の使い勝手がよくなれば、学校のどこにいても仕事ができるようになります。セキュリティの問題をクリアし、家庭でも仕事ができるようになれば、テレワークなど、教職員の状況に応じた働き方も可能になります。これからの教育ＤＸの進展にあわせて、ＩＣＴを最大限に活用できるための体制づくりや、ＩＣＴが苦手な教職員へのさらなるサポートが課題となります。

また、学校における働き方改革の趣旨である「子どもたちと向き合う時間の確保」は実現できているかということを見ていくことも、校長の新たな課題となりました。そこで、生み出した時間を教職員自身と子どもたちのウェルビーイングにつなげられているかという視点で、Ｏｂｓｅｒｖｅしていくことにしました。

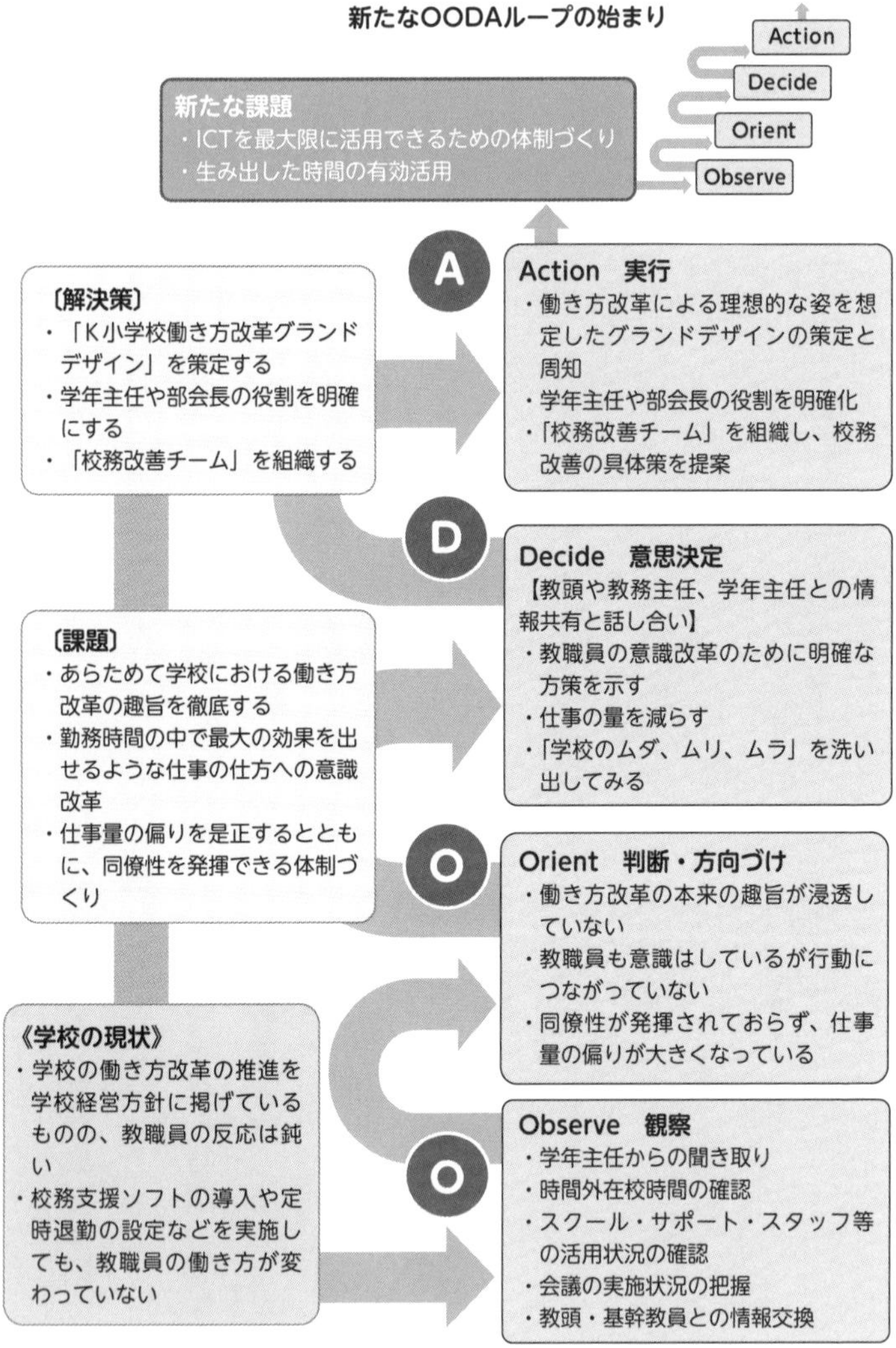
新たなOODAループの始まり
Action
Decide
Orient
Observe
新たな課題
・ICTを最大限に活用できるための体制づくり
・生み出した時間の有効活用
A
Action　実行
・働き方改革による理想的な姿を想定したグランドデザインの策定と周知
・学年主任や部会長の役割を明確化
・「校務改善チーム」を組織し、校務改善の具体策を提案
〔解決策〕
・「K小学校働き方改革グランドデザイン」を策定する
・学年主任や部会長の役割を明確にする
・「校務改善チーム」を組織する
D
Decide　意思決定
【教頭や教務主任、学年主任との情報共有と話し合い】
・教職員の意識改革のために明確な方策を示す
・仕事の量を減らす
・「学校のムダ、ムリ、ムラ」を洗い出してみる
〔課題〕
・あらためて学校における働き方改革の趣旨を徹底する
・勤務時間の中で最大の効果を出せるような仕事の仕方への意識改革
・仕事量の偏りを是正するとともに、同僚性を発揮できる体制づくり
O
Orient　判断・方向づけ
・働き方改革の本来の趣旨が浸透していない
・教職員も意識はしているが行動につながっていない
・同僚性が発揮されておらず、仕事量の偏りが大きくなっている
《学校の現状》
・学校の働き方改革の推進を学校経営方針に掲げているものの、教職員の反応は鈍い
・校務支援ソフトの導入や定時退勤の設定などを実施しても、教職員の働き方が変わっていない
O
Observe　観察
・学年主任からの聞き取り
・時間外在校時間の確認
・スクール・サポート・スタッフ等の活用状況の確認
・会議の実施状況の把握
・教頭・基幹教員との情報交換

「働き方改革」をOODAループで改善する

２ 危機管理

――全教職員での情報共有と「最悪の事態」への備え

事例校の状況

運動会練習が始まった9月中旬、Ｍ中学校の校長室に保護者から電話がありました。その内容は、「子どもが運動会の練習でけがをして帰ってきたが、担任から何の説明もない」とのことでした。「保健室で応急処置をして帰されたが、まだ痛がっているのでこれから病院に行く。校長は報告を受けているのか」とも問われました。対応の不手際を謝罪し、担任を病院に向かわせることを提案しましたが、結果を連絡するので待っていてほしいと話されました。担任に確認すると、けがをしたことは確認しているものの、大けがではないと判断したため、特に保護者にも連絡せず養護教諭にも確認していないとのことでした。

校長は、４月の着任以来、子どもたちのけがについて情報が管理職にすぐに入ってこないことが気になっていました。今回の件も、担任からも養護教諭からも聞いていませんでした。子どもたちの安全・安心に関わる危機管理も含め、学校の危機管理は学校運営の基本です。遅ればせながら、校長は自校の危機管理についてObserveすることにしました。

Observe 観察

子どもたちのけがの状況と、養護教諭の子ども・保護者・担任への対応

はじめに、養護教諭に話を聞きました。ベテランのA養護教諭からは、大きなけがはほとんどなく、休み時間や体育の授業中などのけがはあるものの、他校に比べて多いというほどではないとのことでした。確かに、救急車を要請したり、学校から病院に連れていったりということは、この半年にはありませんでした。また、下校後に受診を勧めることはあるか否か尋ねると、子どもには、家に帰っても痛かったり調子が悪かったりしたら家の人に言うように伝えているとのことでした。今回、保護者から電話のあった子どもにも同様の対応をしていました。また、担任との連携については、状況確認のために来室する担任もいれば、任せたままの担任もおり、必要な場合は連絡していると話してくれました。

子ども間、教師・保護者間のトラブルの状況

子ども同士のトラブルや担任と保護者の関係のもめごとへの対応も気になり、教頭に職員室内での保護者への電話連絡の状況を聞きました。職員室で把握する限りでは、長時間保護者に電話している様子もなく、保護者とのトラブルはないと話してくれました。また、直近のいじめアンケートを見ても、早急に対応が必要な案件がないことは確認しており、校内にいじめがあるという認識は、教頭・教職員ともに持っていません。

日常の中で感じる違和感

しかし、校長は表現できない違和感のようなものをもったことを思い出しました。あらためてその視点で学校の中を見てみると、その違和感は、子どもたちに関わるものだけでなく、学校からの配布物に誤記があったり、一輪車などの遊具の置き場が乱れていたりといった些細な積み重ねの中にもありました。そして、それらが特に問題になることもなく、教職員間で共有されることもないままでした。

Orient　判断・方向づけ

教職員からの情報や、自らの違和感にも似た気づきによるObserveを通して、

校長は以下のように現状を分析しました。

①教職員一人一人の危機意識、危機管理への理解が不足している
②事例の共有ができていない
③表面的な現象しか見ていない

これまで幸いにして大事に至る経験をしておらず、そのため危機感を強めるという経験もしてこなかったことが原因だと考えました。今まで何事もなかったから今後もそのとおりになるということはなく、常に最悪を想定して行動する必要があります。

広義の危機管理には、発生しうるリスクを洗い出し損害を最小限に抑える行動としての「リスク管理」（リスクマネジメント）と、危機が発生した時に影響を最小限にとどめるための行動である「危機管理」（クライシスマネジメント）の2つの意味があります。危機にしないという危機管理の原則には、危機を想定するというリスク管理が求められます。冒頭のけがの事例では、保護者に電話をしておくだけで問題は大きくならなかったはずです。**最悪の事態を想定して行動するという習慣が必要**です。

また、どこかの学校で発生した事案は自校でも発生する可能性があると考え、その対

策をとるというのは学校経営におけるリスクマネジメントです。同様にひとつの学級で起こったことは、他の学級でも発生すると考えるべきです。そのための方策として、生徒指導上の課題などは日常的に共有してきました。しかし、教職員の配慮不足を発端とするトラブルなどが共有されることは少なく、組織としての学びにはなっていません。ここには、当該教職員への配慮がありますが、それを考慮したうえでも組織として共有し、同じことを繰り返さないようにすることがリスクマネジメントだと言えます。**すべての出来事をケーススタディとしていく仕組みが必要**です。

いじめアンケートでは、早急に対応すべき回答がなかったことから、教職員は一様に大丈夫だと判断していました。しかし、アンケートには現れない子どもたちの実態があるはずです。いじめ問題や不登校は、教職員のちょっとした気づきによって防ぐことができ、早期対応が可能です。顕在化している状況や表面的な現象しか見ていないのは、危機意識の低さの表れであり、**教職員の危機意識を高めることが必要**です。

Decide　意思決定

明らかになった課題について、教頭と教務主任との3人で情報を共有しました。教頭も教職員の危機意識の低さを感じており、自らの危機管理能力も十分ではなかったと話していました。また、学校の危機管理マニュアルをここ数年見直していないことも明らかになりました。教務主任は、今回の校長からの共有をきっかけに、学校全体に危機への甘さがあったとの認識を新たにしたようでした。そこで、この雰囲気を変えていくためにどうすればよいかを話し合い、教職員の危機管理についての理解を深めるために次の3点を進めていくことにしました。

1 本来ならば、年度当初の学校経営計画や学校経営方針の説明の際に行うべきでしたが、**本校における危機管理の方針や具体的な行動について説明の場を設ける**ことにしました。校長の学校経営方針に「危機管理」の項目がなかったため、改訂版を示すことにしました。校長自身も、学校経営上の危機管理を軽んじていたことを反省させられました。

2 M中学校の危機管理マニュアルは存在するものの、しばらく見直しがされていなかったこともあり、現在の状況に対応していなかったり、教職員がその内容を把握していなかったりしました。誰もが同じように、また迅速に対応できるように、**危機管理マニュアルを見直し、教職員で共通理解を図る**ことを決めました。

はじめに、子どもたちの生命や人権に関わる部分を重点的に見直し、徐々にその範囲を拡大していくこととしました。特に養護教諭には、これまでの経験に頼っていた対応をフローとして作成するよう指示しました。

3

トヨタ自動車が会社として実践している思考法に「なぜを5回繰り返す」というものがあります。問題場面に直面したとき、その原因について「なぜ」で答えを出します。さらに、その答えの「なぜ」を考えるといった思考を5回繰り返すことで問題の本質に迫ることができます。この手法は学校の危機管理にも応用でき、事故や問題行動の根本原因を探ることができます。対処的・表面的対応から根本的な問題解決へ向かうことが、危機の再発を防ぐためのリスクマネジメントであると言えます。

そこで、**教職員間で「なぜ」を合言葉にし、問題の本質に迫る習慣をつける**ことにしました。

Action 実行

Ｄｅｃｉｄｅを受け、具体的な行動を始めました。

１　管理職による研修の実施

教務主任に指示して、教員研修の時間を確保しました。ここでは、学校における危機管理の基本方針や対応方法について共通理解を図るとともに、これまでに起こった事例をあげ、ケーススタディとして説明していきました。

２　危機管理マニュアルの見直し・共通理解

教務主任に、危機管理マニュアルの見直しを指示しました。実際には生徒指導部を中心に、養護教諭も参加したプロジェクトチームをつくって対応しました。まず、子どもたちがけがや体調不良を訴えた時のフローをつくり、共有しました。さらに、個別の危機管理について順次見直しをしていきます。この時、参考にしているのが文部科学省の「学校の『危機管理マニュアル』等の評価・見直しガイドライン」です。チェックリストを活用しながら、自校に合わせてカスタマイズすることで効率化を図りました。

３　「なぜ」を合言葉にする

毎週末に生徒指導に関わる情報共有を行っていましたが、報告の域を出ていませんでした。そこで、報告される案件を事例として、ケーススタディを行うことにしました。なぜけがをしたのか、なぜその行動をとったのか、その時の心の動きはどうだったのかのように「なぜ」を繰り返していくことで、問題の本質に迫ることができます。最初はなかなか深まっていきませんでしたが、慣れてくると「なぜ」が合言葉になってきました。それは、子どもへの理解力の深まりとも言えるものでした。

新たな課題へのＯＯＤＡループへ

教職員一人一人の意識を変えていくことはむずかしいものです。しかし、危機意識をもって丁寧な初期対応を心がけることで、様々なことがうまくいくことを実感してきたようです。危機管理の要諦は危機にしないこと、そのためにも初期対応が重要です。また、様々な問題を表層的にとらえていたことにも一人一人の教職員が気づいてきました。問題の本質を明確にし、そこを解決していかなければ必ず同じことが起こります。それも含めて危機管理です。

なお、危機管理マニュアルで作成したけがや体調不良への対応フローには、すでに課題が見えてきました。子どもたちや教職員の実態に合わせて常にアップデートしていく必要があると実感しています。また、危機管理は子どもたちの生命や人権に関わるものだけではありません。教職員の服務や教育課程に関する危機管理など、危機管理の視点で教育活動全体を見ていく必要があります。新たなＯｂｓｅｒｖｅの始まりです。

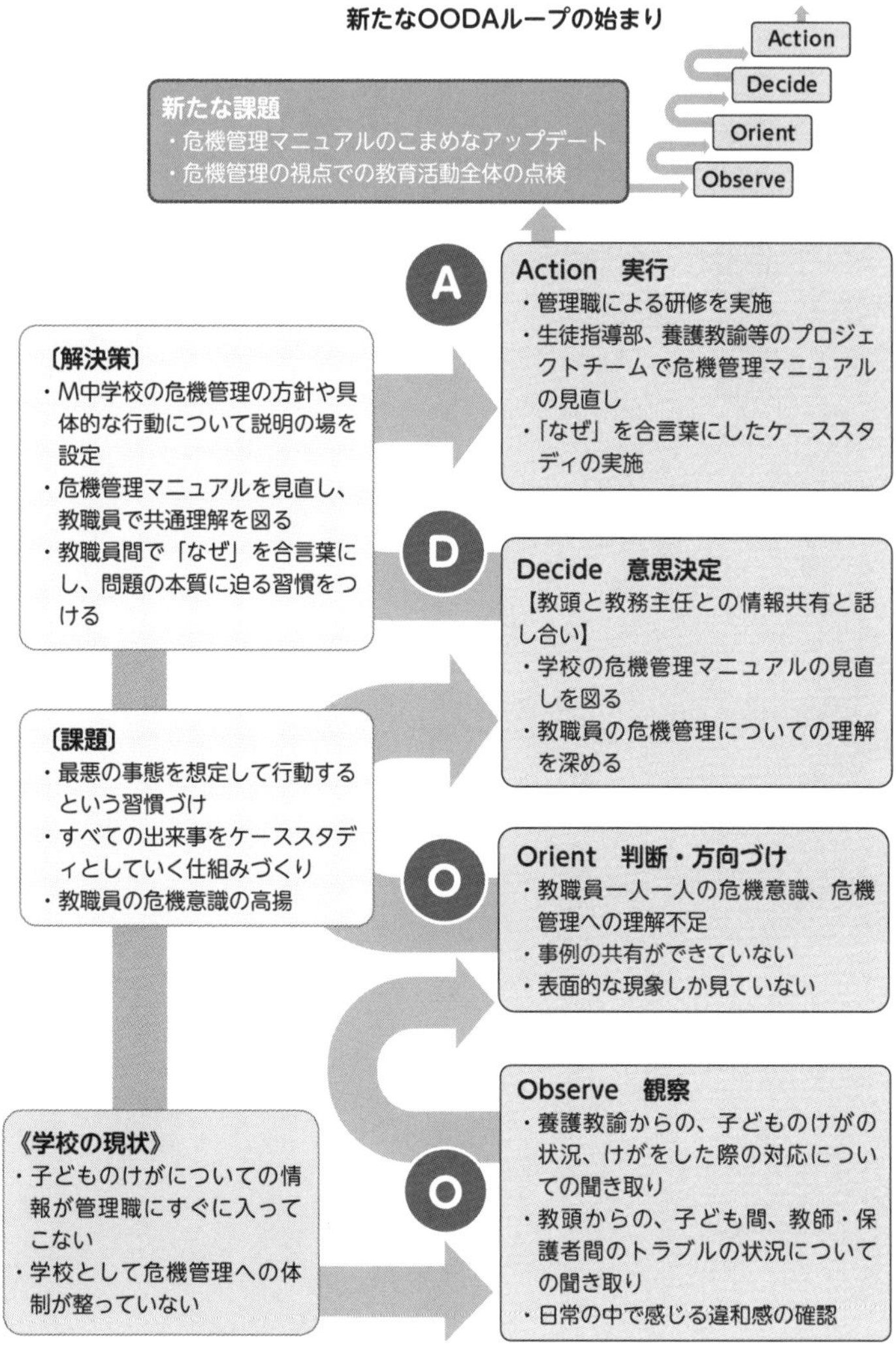

「危機管理」をOODAループで改善する

3 人材育成——個々の能力に合わせた育成プランの構築

事例校の状況

若手教員や経験の浅い教員の多いN小学校では、人材育成による教員一人一人の指導力向上が喫緊の課題になっていました。校長は年度当初に「学び合いによる授業力の向上」を掲げ、研修の充実を図るとともに学年部会を基本とした人材育成を図っていくことを決めていました。しかし、若手教員の中には学級の掌握がうまくいかない教員がおり、管理職も教室に入って対応している状況でした。計画的な人材育成というよりも、直近の課題解決が先行している状況でした。

Observe 観察

授業観察で見えた、若手教員の授業・学級経営の課題

約半数の教員が本校初任となるN小学校では、校長が毎日のように授業観察をしてい

ました。２年目のA教諭は、めあてを明確にした授業ができるようになってきたものの、子どもの意見や考えをとらえて生かしていくことについては課題がありました。初任者のB教諭は、学級経営がうまくいかず、規律ある授業の実現が当面の課題になっていました。他の若手教員もよりよい授業をめざして試行錯誤していますが、空回りをしている教員も多く、人材育成もうまくかみ合っていないように見えました。そこで校長は、A教諭・B教諭の指導担当から話を聞くことにしました。

学年主任から見た、A教諭の授業での課題

A教諭の指導担当のC学年主任からは、A教諭の学級は、持ち上がりでもあり落ち着いた学級経営ができていること、学年の仕事も率先してやっているとのことでした。しかし、授業準備に時間をかけているわりに授業がうまくいかず、ポイントを押さえた授業がむずかしいと話してくれました。

それは、校長の授業観察とも一致していましたが、やはり授業センスのようなものが十分ではないのではないかということも言っていました。授業についてアドバイスしたり、一緒に教材研究をしたりしていても、授業になかなか結びつかないことが一番の課題だとも語ってくれました。

指導担当D教諭から見た、B教諭の学級経営の課題

B教諭の指導担当のD教諭は、学級経営の課題としてB教諭の児童理解力を指摘しました。子どもたちの状況に応じて対応を変えるということができず、自らの思いどおりに授業を進めたり、考えを押し通そうとしたりすることが子どもたちとの乖離を生んでいると分析していました。

主幹教諭から見た、人材育成上の課題

校長は教務主任のE主幹教諭からも話を聞きました。若手教員が多い分、校務分掌等でも中堅教員への負担が多くなっていること、それぞれの学年の若手教員の育成だけでも大きな負担になっていること、学年経営に追われて他の学年の若手教員にまで目が向いていないことの3点が話の要旨でした。

Orient 判断・方向づけ

校長自らの観察と教員からの話によるObserveで、校長は以下のように現状を分析しました。

①教員個々の状況に応じた人材育成ができていない

②教員同士の学び合い、組織的な人材育成がうまくいっていない
③若手教員の授業力・学級経営力が不足している

これらのことから、校長は、若手教員を中心にした人材育成のあり方を根本的に見直す必要があると判断しました。教育委員会が主催するものも含め、これまでの研修は教員としての基礎・基本を伝えるものでした。しかし、教員採用選考の低倍率化に伴い、若手教員の資質・能力の差が拡大しています。教員一人一人の実態、ニーズに合った研修、人材育成が必要です。もちろん、これまでも育成計画に基づく人材育成が行われてきましたが、育成課題の検討が十分ではありませんでした。

そもそも、経験年数ごとに期待される資質・能力も一般的なもので、教員によっても大きな幅があります。「個別最適な学びと協働的な学びの実現」が求められていますが、それは教員の人材育成にも通じるものです。**個々の実態やニーズに応じた内容や方法を検討し、最適化を図っていく必要**があります。日々の業務を通して指導し、改善を繰り返すといった本来のＯＪＴを推進するべきだと考えました。

また、子どもたちの学習が学び合いによって成立しているのと同様に、教員の学びも

相互の学び合い、組織としての学び合いが必要です。教員の年齢や経験年数のバランスがよかった時代には、当たり前のように教師の技の継承が行われてきました。そのバランスが崩れ、学校全体が忙しくなった頃から、日常的な学び合いがなくなり、研修や人材育成という言葉に置き換わっていきました。このことが逆に多忙感を生み、組織としての学び合いが減ってきたように感じます。**同僚性を発揮し、互いに学び合える雰囲気を醸成していく必要**があります。

「学び合いによる授業力の向上」は、年度当初から校長が伝えてきたことです。これまで学校では、授業力と生徒指導力・学級経営力を別物として考えていました。しかし、授業力の基本は児童理解力であり、授業が上手な教員の学級は総じて落ち着いた生活をしています。校長は、**教員の仕事の大半を占める授業の力を上げていく**ことが、人材育成の基本と考えています。

Decide 意思決定

Ｏｒｉｅｎｔの３つの判断に基づき、教頭、教務主任と相談し、以下のような具体策を進めていくことにしました。

1

これまでの若手教員への指導は網羅的な指摘ばかりで、アドバイスを受けても何から始めていいのかわからないというのが実際のところでした。そこで、授業改善のためのチェックシートをアレンジして自己評価シートを作成し、授業における自己の課題を自覚させることで、**自己評価シートをもとにした人材育成の個別最適化を図る**ことにしました。シートをもとに学年主任を交えて面談し、授業改善への取り組みを焦点化させることで、授業力を着実に上げていくことがねらいです。

2

専科の授業を除き、担任する学級の授業をすべて受け持つのが学級担任でした。それだけ授業のコマ数も多く、授業準備にかける時間も長くなります。高学年における教科担任制への動きもあり、学年内で交換授業を取り入れることで、**協働して授業を進めていく**ことにしました。このメリットは、教材研究の効率化です。

同じ指導案でも、子どもが違えば反応も異なります。それも教師の気づきとなり、学びにつながります。若手教員の教材研究は他の教員も協働して進めることにしました。また、学年の教員がその学年のすべての子どもを多面的に見ていくというよさもあります。しかし、時間割が複雑となり、教科の時数のバランスを取ることもむずかしくなることがデメリットです。

3 他者の授業を見るのは、校内研修の研究授業や研究発表会での授業公開くらいであり、隣の教室でもどんな授業をしているのかわからないのが実情です。互いに授業を見せ合う環境をつくっていきたいのですが、研究授業としてしまうと誰もが堅苦しくなってしまいます。そこで、**気軽に授業を公開する仕組みをつくる**ことにしました。校務支援ソフトの掲示板で日時や内容、工夫ポイントなどを周知し、指導案の作成も強制せず、とにかく気軽に授業を見せ合えるようにしました。それにより、少しでも授業改善のヒントを得られるようになることはもとより、授業を見せ合って学び合うという雰囲気を醸成していきたいと考えました。

Action 実行

Ｄｅｃｉｄｅの３つの意思決定を実行するために、学年主任に事前に周知しました。ここでは「働き方改革に逆行するのではないか」との意見も出されましたが、できるところから始める、完璧をめざさないという方針を伝え、実行していきました。

1　自己評価シートをもとにした人材育成の個別最適化

校長は、初めに初任のＢ教諭と面談を行いました。自己評価シートではすべての項目がマイナス評価になっており、自信のなさがうかがえました。それでも、校長は授業観察を通してできていること、改善が必要なところなどを指摘し、授業改善の優先順位をつけていきました。そして、明確な指示と発問の焦点化が取り組み課題になりました。

Ｂ教諭は、子どもたちの考えをうまく生かせないという課題に気づいていました。そこで、まずノートに書かせてから確認していく方法や、子どもの反応への問い返しによって核心に迫る方法を実行していくことにしました。他の若手教員も同様に、自己評価シートをもとに取り組み課題を明らかにして授業改善に取り組んでいきました。

2　交換授業の実現

学年主任会の場で、学年内交換授業の取り組みを指示しました。まず、学年で可能な教科と実施内容を決めるようにしました。すべての子どもたちを学年で見ていくこと、若手教員とともに教材研究を行うことという趣旨以外にも、各学級でばらつきが出ている授業規律を整えるというねらいもあります。教科による時数の違いもあり、時間割を編成し直す労力は必要でしたが、2週間を単位として考えるとうまくいくこともわかりました。

B教諭は学年の理科を担当しましたが、同じ指導計画でも、学級によって反応が違うこと、それが次の授業改善につながることを理解したようです。若手教員の学級経営が気になっていた学年主任は、学習ルールの確認をしながら授業をしたと報告してくれました。最初は負担感を口にしていた教員も、授業や学年経営への気づきが深まり、各学級の子どもの名前をあげて報告し合うようになりました。

3　ミニ授業公開の実践

B教諭は「3時間目に国語授業をします。見てほしいところはタブレットを使って情報共有するところです」のように、校務支援ソフトの掲示板で呼びかけていました。学年内交換授業の様子を見せ合うことで、ハードルが下がったようです。1人1台端末の活用には教員の関心も高く、入れ替わり立ち替わり参観していました。

ミニ授業公開の放課後はミニ研究協議会をもち、参加できる教員が参加したり、校務支援ソフトを使って感想を送ったりするようになりました。できる限り校長も参加し、授業の価値づけをするようにしています。ほかにも、2年次研修や3年次研修に合わせて授業公開を行い、若手教員はより多くの教員にアドバスをもらうようにしました。互いに授業を見せ合うことへの抵抗が少しずつ減ってきて、それが授業改善の日常化につながってきました。

新たな課題へのOODAループへ

自らの取り組み課題が明らかになった若手教員は、日々の授業改善を通して自信がついてきたようです。1人1台端末の活用に関しては若手教員のほうが積極的なこともあり、得意分野を見つけられたことや、他の教員から頼りにされるような場面があったこともよい経験になりました。

これから教員の研修方法が変わっていきます。教員の人材育成にも個別最適な学びと協働的な学びが必要です。ここで最も重要なのが教員一人一人のメタ認知力です。たとえば自らの授業力を客観的に判断できることが、授業力向上のスタートです。自己評価シートを分析し、人材育成の視点で教員のメタ認知力を把握していくことが人材育成の次のステージになりそうです。新たなＯｂｓｅｒｖｅの始まりです。

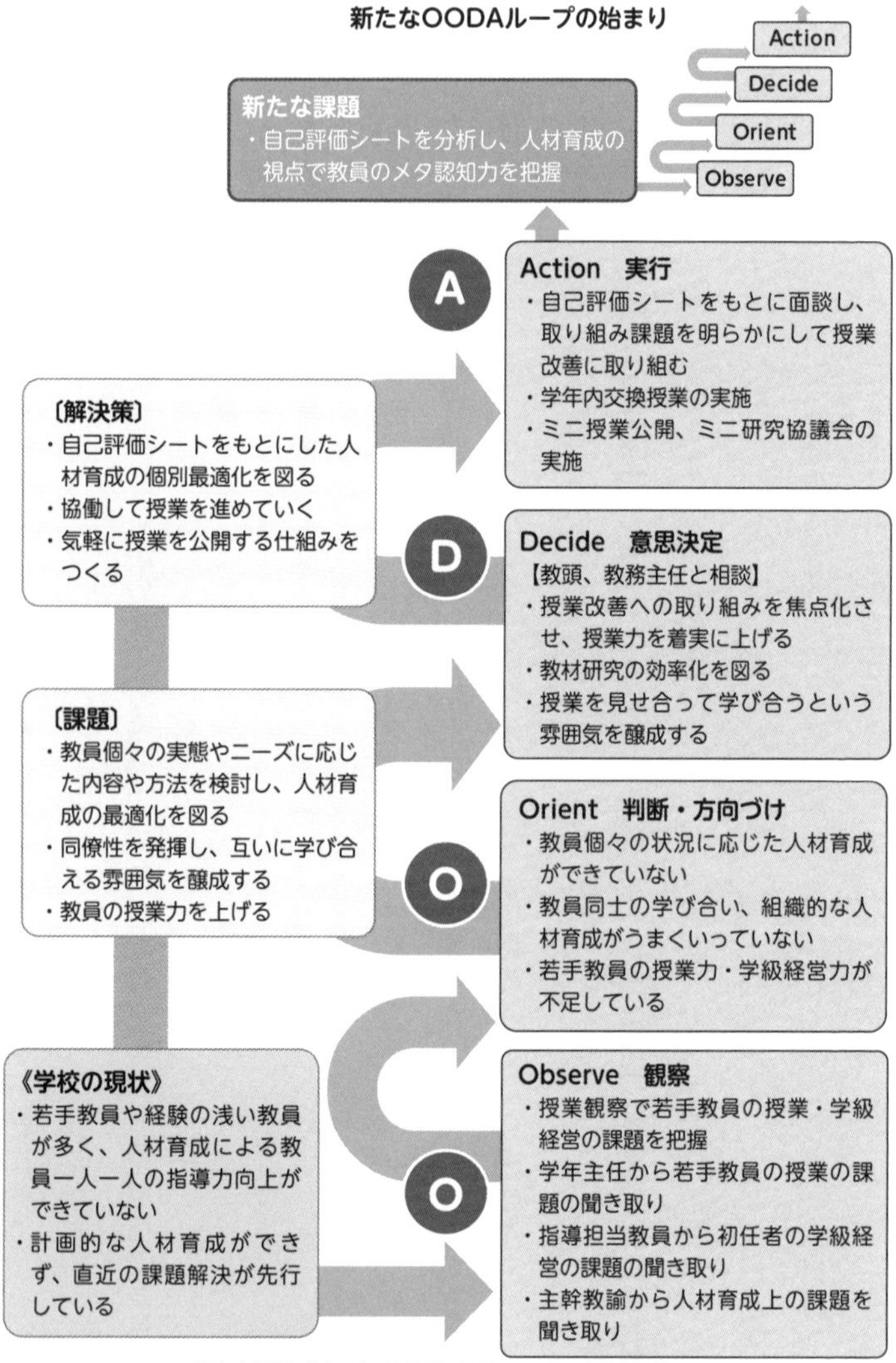
新たなOODAループの始まり
Action
Decide
Orient
Observe
新たな課題
・自己評価シートを分析し、人材育成の視点で教員のメタ認知力を把握
A
Action　実行
・自己評価シートをもとに面談し、取り組み課題を明らかにして授業改善に取り組む
・学年内交換授業の実施
・ミニ授業公開、ミニ研究協議会の実施
〔解決策〕
・自己評価シートをもとにした人材育成の個別最適化を図る
・協働して授業を進めていく
・気軽に授業を公開する仕組みをつくる
D
Decide　意思決定
【教頭、教務主任と相談】
・授業改善への取り組みを焦点化させ、授業力を着実に上げる
・教材研究の効率化を図る
・授業を見せ合って学び合うという雰囲気を醸成する
〔課題〕
・教員個々の実態やニーズに応じた内容や方法を検討し、人材育成の最適化を図る
・同僚性を発揮し、互いに学び合える雰囲気を醸成する
・教員の授業力を上げる
O
Orient　判断・方向づけ
・教員個々の状況に応じた人材育成ができていない
・教員同士の学び合い、組織的な人材育成がうまくいっていない
・若手教員の授業力・学級経営力が不足している
《学校の現状》
・若手教員や経験の浅い教員が多く、人材育成による教員一人一人の指導力向上ができていない
・計画的な人材育成ができず、直近の課題解決が先行している
O
Observe　観察
・授業観察で若手教員の授業・学級経営の課題を把握
・学年主任から若手教員の授業の課題の聞き取り
・指導担当教員から初任者の学級経営の課題の聞き取り
・主幹教諭から人材育成上の課題を聞き取り

「人材育成」をOODAループで改善する

4 ICT活用——「教員の指導力」「教科の壁」を超えた授業改善の柱に

事例校の状況

GIGAスクール構想による1人1台端末の活用は、授業改善の柱のひとつとなっています。R中学校でも、導入当時から教員研修をもち、授業での活用をめざしてきました。4月、校長は経営計画の説明の中で、授業はもとより家庭学習での活用を図っていくとの方針を示しましたが、教科によっては授業での活用も十分に進んでいない状況でした。この状況の改善に向けて、校長は実態把握のためのObserveを始めました。

Observe 観察

授業観察、教員への聞き取り

1人1台端末の活用状況を確認するため、校長は授業の様子を見て回りました。本校4年目の数学科のA教諭は、授業の要点や課題を電子黒板に示すなど、日常的に活用していました。1人1台端末が導入されてからは、ロイロノート・スクール（クラウド型の授業支援アプリ）を使って子どもたちの考えを集約したり、発表させたりして新しい授業の形をつくっていました。A教諭に話を聞いてみると、感覚的に操作でき、むずかしいことはないと言っていました。子どもたちもすぐに使い方に慣れ、互いに教え合うなど、以前より交流が増えたと教えてくれました。

同じ数学科のB主任は、生徒指導を担当するベテラン教員ですが、授業は旧態依然としていて、ICT活用を考える発想もないようでした。A教諭とは担当学年が違うので子どもたちからは特に指摘はありませんでしたが、授業中の子どもたちの顔の違いに危機感を覚えました。

同じくベテラン教員の域に達している国語科のC主任は、導入時から果敢に取り組み、A教諭と同じようにロイロノートを使いこなしていました。C主任に話を聞いてみると、けっしてICTは得意ではないがおもしろそうだし、子どもたちが教えてくれることもある、と話してくれました。すべての教員を観察した結果、十分に活用しているのは2割、探りながら使っているのが5割、残り3割は全く使用していませんでした。当初、校長はICT活用にも教科の壁があるのではないかと予想していましたが、同じ教科でもそれぞれで教科の特性とは無関係でした。

教頭、教務主任、ＩＣＴ主任との話し合い

教頭と、教務主任のＤ主幹教諭、ＩＣＴ主任のＥ教諭と話し合いの場をもちました。校長からは活用することが目的ではないが、授業改善の柱のひとつであり、使わないという選択肢はないのではないかと説明しました。このことについて異論はありませんでしたが、教頭は、活用を阻んでいるのは「忙しくなる」という消極的な理由と、そもそものスキルと意欲の問題ではないかと話してくれました。Ｅ教諭からも、意欲のある先生はいろいろ質問してくれるが、全く他人事の先生もいると二極化している状況を伝えてくれました。

Orient 判断・方向づけ

校長自らの観察による情報収集と教員からの話により、校長は現状について以下のように分析しました。

①自分の教科では使わなくてもいいんだという思いや、かえって仕事が増えるなどを理由に最初から活用を考えていない教員が３割いる

②その背景として、ICT活用のスキルやその習得への取り組み意欲の低さがある
③ICT活用による授業改善が必須であるという理解がない

観察を通して、校長は危機意識を強めました。それは、このままでは子どもたちの学びが充実せず、そして教師の取り組みの格差が子どもたちの学びの格差に直結するというものです。授業改善は教師の義務であり、最優先事項です。

意識改革が進まなかった背景にあるのは、「教科の壁」という言い訳でした。このような状況が学校全体のICT活用の機運の高まりを阻害していると判断し、子どもたちの不利益にならないよう、**教員の意識改革**に早急に取り組む必要があると判断しました。**ICT活用をすべての教科で共通して授業改善の視点とする**ことが必要です。校長は、ここで変革できなければ何も変わらないと決意を新たにし、あらためて「授業改善の柱としてのICT活用」を宣言することにしました。

Decide 意思決定

最初に、教務主任、ICT主任のE教諭、さらにA教諭を中心に、ICT活用プロジ

ェクトチームを発足することにしました。全教員による1人1台端末を活用した授業改善の実現のための提案をすることが目的です。学校は新しいことに抵抗を示す傾向があります。管理職が先頭に立ってしまうとその抵抗は強くなります。そこで、プロジェクトチームからの情報発信と提案という形で進めていきました。具体的には、次の3点を順に提案していくことになりました。

1　GIGAスクール構想による1人1台端末導入時に進めてきた研修は機器の操作が中心で、授業でどう使うかというものではありませんでした。教育委員会が主催する研修の情報も、教科が異なると関心は薄れ、十分に伝わっていませんでした。そこで、**授業に直結する研修会・講習会**とするため、授業に活用できるロイロノートに特化した講習会をもつことにしました。

2　同教科であれば、情報を共有しやすく同様の取り組みが可能です。複数配置の教科では、**教科内で協働を図り**、検討し合って実践につなげていくようにしました。幸いにして、数学科のA教諭のように、教科内に一人は積極的な教員がいるため、見通しがもてました。技術科のような一人教科や、時間講師が担当している教科については、E教諭が**その教科での実践事例を集めて提供**するとともに、ロイロノートの活用の様子を見てもらうことにしました。

3

中学生になると、教員よりもICTを使いこなすことができる生徒がたくさんいます。各クラスからICTの得意な生徒を募り、**ICT支援員として、ICTスチューデントサポーター（ICTSS）に任命**することにしました。子どもたちの活用体制をつくることで、教員も活用せざるをえない環境にしていくことにしました。子どもたちにサポートしてもらうことに抵抗がある教員もいるかもしれませんが、これこそが、これからの教育の姿ではないかと考えました。

Action 実行

1 ロイロノート講習会の開催と継続的なサポート

ロイロノートで意見や考えを集約していくことは、どの教科でも活用できます。これまで、一部の子どもの発言で進めていた授業が劇的に変わります。すべての子どもが何かしらの意見表明をし、それを共有する様子は主体的な学びにほかなりません。実際に教師自身が操作してみることで、それを実感できました。

ただし、それを電子黒板やプロジェクターで共有する方法がわからないという声もあり、実はちょっとしたことが活用の阻害要因になることがわかりました。そこで、すべての電子黒板やプロジェクターにあらかじめケーブルと変換プラグをセットしておき、教師の端末につなぐだけで投影できるようにしました。このアイディアを出してくれたのは、Ａ教諭でした。

ロイロノートには様々な機能があります。それを少しずつ発信するため、職員夕会で実際にロイロノートを使いながら情報共有する時間をとりました。そのなかで、ロイロノートを使いこなせる教員も出てきて、その教員からアドバイスをもらう教員も増えてきました。

2　教科内で実践を共有する

これまで不定期または自主的に集まっていた教科部会を、週1回、短時間で設定することにしました。そのなかで、ロイロノートの活用やその他のＩＣＴ活用による授業改善の様子を報告し合って共有していきます。担当学年が異なると同教科でもなかなかコミュニケーションが取れておらず、教科経営を進めるうえでも貴重な時間になったようです。

一人教科については、E教諭の情報提供が実践に役立ったようです。E教諭も自ら勉強してスキルアップするようになり、専門家の域に達してきました。一方で、時間講師の先生方へのアプローチは課題となりました。

3　ICTスチューデントサポーター（ICTSS）の活躍

各クラスのICTSSは、予想を上回る応募になりました。応募した子どもは全員ICTSSに任命し、各教員のICT活用、1人1台端末の活用をサポートしてもらっています。クラスによっては、授業前に何を準備すればいいかを聞きに来る子どももおり、教員の意識も変わってきました。

また、ICTSSは学級の仲間のサポートも担っており、各自の有能感、自己有用感にもつながるという副次的効果もありました。

新たな課題へのOODAループへ

ロイロノートに特化したことで、ICT活用のハードルが下がりました。全く活用の意思がなかった3割の教員も、少しずつ使うようになり、その可能性に気づいたようです。特にICTSSに任せることで負担も小さくなり、肩の力が抜けたようです。一方で、時間講師の先生方との情報共有はいまだ課題となっており、改善に向けてObserveが必要です。

また、家庭での活用という大きな目標の実現には至っていません。現在、プロジェクトチームでどのように進めていくかを考えているところです。家庭と学校の境界をなくすのが1人1台端末です。事前に課題を配信したり、レポートを提出させたりといったこともむずかしくはありません。反転授業の実現も可能です。活用ルールや故障への対応などを理由に、家庭での活用に異論を唱える教員も少なくありません。次のObserveは、授業と家庭をつなげる1人1台端末とし、新たな課題解決が始まりました。

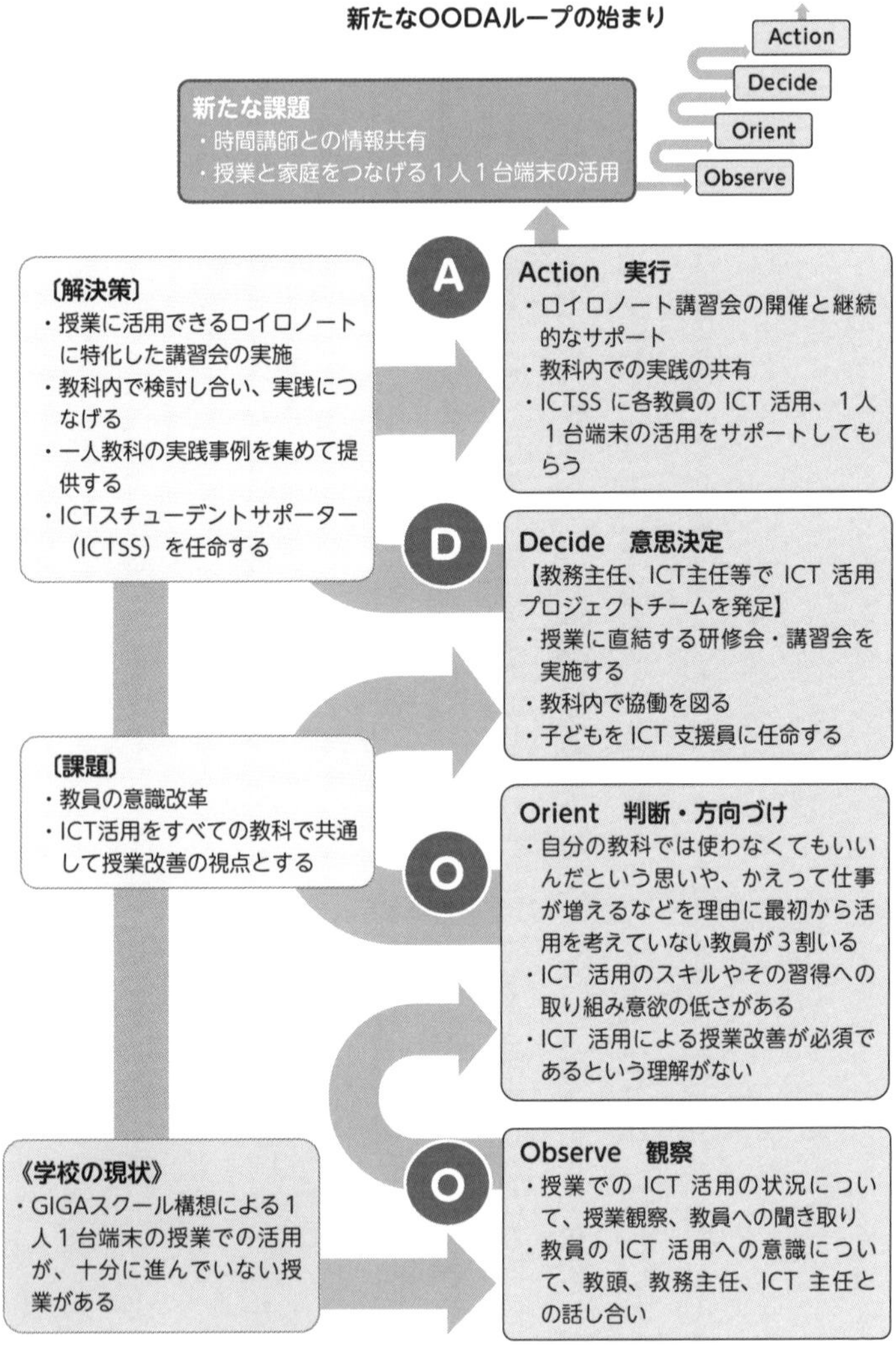
新たなOODAループの始まり
Action
Decide
Orient
Observe
新たな課題
・時間講師との情報共有
・授業と家庭をつなげる1人1台端末の活用
〔解決策〕
・授業に活用できるロイロノートに特化した講習会の実施
・教科内で検討し合い、実践につなげる
・一人教科の実践事例を集めて提供する
・ICTスチューデントサポーター（ICTSS）を任命する
A
Action　実行
・ロイロノート講習会の開催と継続的なサポート
・教科内での実践の共有
・ICTSS に各教員の ICT 活用、1人1台端末の活用をサポートしてもらう
D
Decide　意思決定
【教務主任、ICT主任等で ICT 活用プロジェクトチームを発足】
・授業に直結する研修会・講習会を実施する
・教科内で協働を図る
・子どもを ICT 支援員に任命する
〔課題〕
・教員の意識改革
・ICT活用をすべての教科で共通して授業改善の視点とする
O
Orient　判断・方向づけ
・自分の教科では使わなくてもいいんだという思いや、かえって仕事が増えるなどを理由に最初から活用を考えていない教員が3割いる
・ICT 活用のスキルやその習得への取り組み意欲の低さがある
・ICT 活用による授業改善が必須であるという理解がない
《学校の現状》
・GIGAスクール構想による1人1台端末の授業での活用が、十分に進んでいない授業がある
O
Observe　観察
・授業での ICT 活用の状況について、授業観察、教員への聞き取り
・教員の ICT 活用への意識について、教頭、教務主任、ICT 主任との話し合い

「ICT活用」をOODAループで改善する

5 チーム学校の見直し——専門スタッフの活用、外部に丸投げしない組織体制の構築

事例校の状況

特別支援教育の理念が定着し、通級指導の充実や専門スタッフの配置、心理士の巡回などの人的環境が整ってきました。S小学校でも定期的に特別支援校内委員会を開催し、支援が必要な子どもたちの情報共有と具体的な支援について検討していました。

そのような中で、校長は校内委員会に参加しながら、何となく違和感を抱くようになりました。それは、委員会に担任の立場で参加しているE教諭の発言のニュアンスでした。「Aさん（児童）は発達障害なので、支援員のIさんに任せています」「Bさん（児童）もADHDの診断が出ているので、医師に任せたほうがいいと思います」などのように、どこか他人事のように聞こえました。担任としての責任や担任することの意味を理解していないようにも感じられます。

専門スタッフが入って、様々な角度から支援を受けられることは望ましいことですが、

担任が丸投げしているように感じられます。校長は特別支援教育を切り口に、「チーム学校」の見直しを図ることにしました。

Observe 観察

S小学校で特別支援教育に関わる人材との役割分担

特別支援教育に関わる人材として、S小学校には、常勤の特別支援教育支援員、週1日勤務のスクールカウンセラー、月1回の巡回心理士、校内の特別支援教育コーディネーターがいます。また、近隣の通級指導教室との連携も日常的に行っています。それぞれの役割や専門性を生かした「チーム学校」になっていますが、いつからか、役割分担による丸投げ体質になってきました。

気になる発言をした教員の学級の様子

最初に、「Aさんは発達障害なので、支援員のIさんに任せています」と発言したE教諭の学級の状況を観察しました。確かに、授業に集中できず大きな声を出してしまうAさんでした。そのたびに支援員がなだめたり、クールダウンのために外に連れ出したりしていました。E教諭はそのことを気にかける様子もなく、いつものことのように授業を進めていました。

子どもが落ち着いている学級の担任の対応

医師の診断の有無にかかわらず、どの学級にも1割程度、特別な配慮を要する子どもが在籍していましたが、担任の上手な対応により、子どもがいつも落ち着いている学級もあります。初任４年目のＦ教諭もその一人で、友だちとの関係性が悪くなりがちなＣさんと関係を上手につくっていました。特に叱責したり注意したりすることなく、短く的確な言葉で指示することで、Ｃさんは特に困り感を抱くことなく落ち着いた生活ができています。

Ｆ教諭がＣさんの担任になってまだ3ヵ月です。Ｃさんの障害特性や対応についてどのように学んだのかを聞いてみました。Ｆ教諭は、前担任から丁寧な引き継ぎを受けたこと、スクールカウンセラーとも相談しながら適切な対応を試行錯誤しているとのことでした。Ｆ教諭には、困った子を排除しようというような発想は全くありません。Ｃさんも含め学級のすべての子どもが安心して生活できることを第一に考えているようでした。

特別支援教育コーディネーターへの聞き取り

すべての学級の状況を観察するとともに、特別支援教育コーディネーターのG主任からの話を聞きました。進級して担任が代わり、これまでの状況が一転して落ち着いて生活できるようになる子もいれば、逆に特性が激しくなる子もおり、担任の力量によるとのことでした。また、主催する特別支援教育校内委員会も、教員の困り感ばかりが強調され、建設的ではないと感じているとも話してくれました。スクールカウンセラーや通級指導教室の教員から、対応についてのアドバイスをもらっているのに、その受け止め方に温度差があることも問題だと感じているようでした。

Orient 判断・方向づけ

校長は自らの違和感から始まったObserveを経て、S小学校における特別支援教育での「チーム学校」体制の現状について以下のように分析しました。

①教職員によって、チーム学校における様々な立場の人材との連携に差がある
②特別な支援が必要な子どもへの対応が専門家任せになり、担任するすべての子どもの成長に責任をもてていない教員がいる

③「チーム学校」の意味を「専門家に丸投げすること」だと誤解している教員がいる

校長は、本校の根本的課題は「チーム学校」の意味を誤解していることにあると判断しました。また、このままだと教育の質の低下を招くことになるという危機感ももちました。「チーム○○」という言葉を使う人の心情は、「チームで一丸となって」というものです。しかし、「チーム学校」の本来の意味は、学校に様々な専門家を投入し、その専門的見地から子どもたちを見ることで**多面的・多角的な理解と支援を実現する**ことです。さらに、**教職員一人一人の得意分野を発揮できるような環境をつくっていく**ことで、学校力を上げていこうというものです。「チーム学校」を、精神論ではなく学校経営上の状態目標とすることが必要です。

年度当初、校長はあえてこの言葉を使いませんでしたが、世の中全体の誤謬《ごびゅう》があるだけでなく、教職員の中には「仕事を分担して任せること」だという認識になっている者もいます。**「チーム学校」のとらえなおし**が必要だと強く感じました。手間のかかることは誰かに丸投げするという意識と行動を変えていかなければ、子どもたちの健全な成長が期待できないと強く思いました。

Decide 意思決定

校長は、教頭やG主任ともこの危機意識を共有したうえで、「チーム学校」の言葉のとらえなおしだけをしても問題は解決せず、学校に関わるすべての教職員の役割を明確にすることが必要だと考えました。特別支援教育に関わる教職員の動きを明確にすることで、「依頼と分担」から「共有と協働」への転換を図っていくことを決定しました。

その過程で、担任とは何か、担任の職責とは何かについて振り返らせていくことにしました。教職員個々の心情や教育観に関わる問題であり、一朝一夕に解決するものではありませんが、具体的な行動として以下の3点を実行していくことにしました。

1 教師の困り感をいかに解消するかという視点で進められた**特別支援教育校内委員会のあり方を改善**することにしました。G主任と協議し、「こうするとうまくいった」という好事例を報告することで、他の学級でも取り組み可能な情報を共有することにしました。また、スクールカウンセラー等の専門家からのアセスメントと対応方法の助言の時間を十分に取り、次回までにその成果を報告させる仕組みをつくりました。この取り組みから、担任の役割を自覚させたいと考えました。

2 特別支援教育は特定の子どもを対象にしたものではなく、誰もが何かしらの困り感をもっており、そこに焦点を当てることです。そのための授業改善の視点が授業のユニバーサルデザイン（UD）です。授業のUD化を図ることで、教員一人一人の子どもを見る目が確かになっていくはずです。**「焦点化」「共有化」「視覚化」の3つの視点で授業改善を進めていく**ことにしました。これも担任としての自覚を高めるための取り組みです。

3 教職員の持ち味を生かすような学校経営ができていなかったというのが校長の反省でした。チーム学校を校長の経営課題ととらえ、教職員のよさを発揮できる学校にしていくため、**教職員の特技、得意分野を把握する**ことにしました。次回の自己申告面接の場を使って進めていくことにしました。

Action 実行

1 研修の場としての特別支援教育校内委員会

G主任と改善策を協議し、7月の校内委員会から実行に移しました。今回は3年生の担任からの報告でしたが、今回から対象児童のプロフィールシートをもとに、客観的事実を報告してもらいました。

これまでは、担任視点での困り感のみの報告になっており、スクールカウンセラーも具体的な助言ができない状況でした。しかし、客観的事実とその背景や場面を考えることで、子どもの困り感に応じた具体的な対応について助言を受けることができました。

チーム学校とは、専門家がその専門的見地から子どもを見ることであり、その情報は担任を中心にすべての教員に共有されるべきものです。スクールカウンセラーや通級指導教室担当者からのアセスメントや対応の工夫は、参加者の財産となりました。

G主任からは「校内委員会が本来の姿になったような気がします。今日のスクールカウンセラーからの話は、明日の夕会でみんなと共有します」と話がありました。G主任の行動によって、専門スタッフの存在意義を再認識することができそうです。

2　授業のUD化を研究の視点とする

S小学校の校内研究のテーマは「主体的・対話的で深い学びの実現」でした。研究主任と協議し、主体的な子どもの姿を実現するための視点として授業のUD化を取り入れていくことにしました。研究推進委員会では「焦点化」「共有化」「視覚化」によって主体性の発揮を保障するという方向で考えてくれました。

ここで、授業ＵＤを研究しているＨ主幹教諭に講師として教えてもらうことも決まりました。Ｈ主幹教諭は私的な研究会で授業ＵＤを学んでいるとのことで、校長はその情報をもっていませんでした。個々の持ち味や得意分野を生かすことがチーム学校の姿であり、校長からもＨ主幹教諭に依頼したところです。

３　自己申告面接の充実

自己申告の教員面接では、異動案件以外はあまり個人的な話を聞くことはしてきませんでした。しかし、経営課題としてのチーム学校の実現には、教職員の特技や得意分野を把握する必要があります。Ｈ主幹教諭の授業ＵＤ研究のように、教職員が持てる力を自分からは外に出そうとしない場合もあります。今回の自己申告面接でいろいろ話を聞いてみると、前職の経験や特技、研究履歴など、あらためて豊かな人材がいることに気づきました。これまでは、授業力や組織貢献の視点でしか見ておらず、校長としての視野の狭さを反省させられました。

新たな課題へのOODAループへ

特別支援教育を切り口に、チーム学校のとらえなおしを図ってきました。多くの教員が、専門スタッフの存在意義とその価値については理解してきたようですが、担任によっては支援員に丸投げの状態は改善していません。担任としての自覚を高めながらチーム学校を実現していくことのむずかしさを感じながらも、意識改革の方法を模索しているところです。

一方、自己申告面接を経て、教職員の能力をどう生かすかが次の課題となりました。隠れた才能、これまで校内では知られていなかった才能をどう引き出し生かしていくか、多様な教育活動の場面と教職員個々の姿を想像しながら、新たなＯｂｓｅｒｖｅが始まりました。

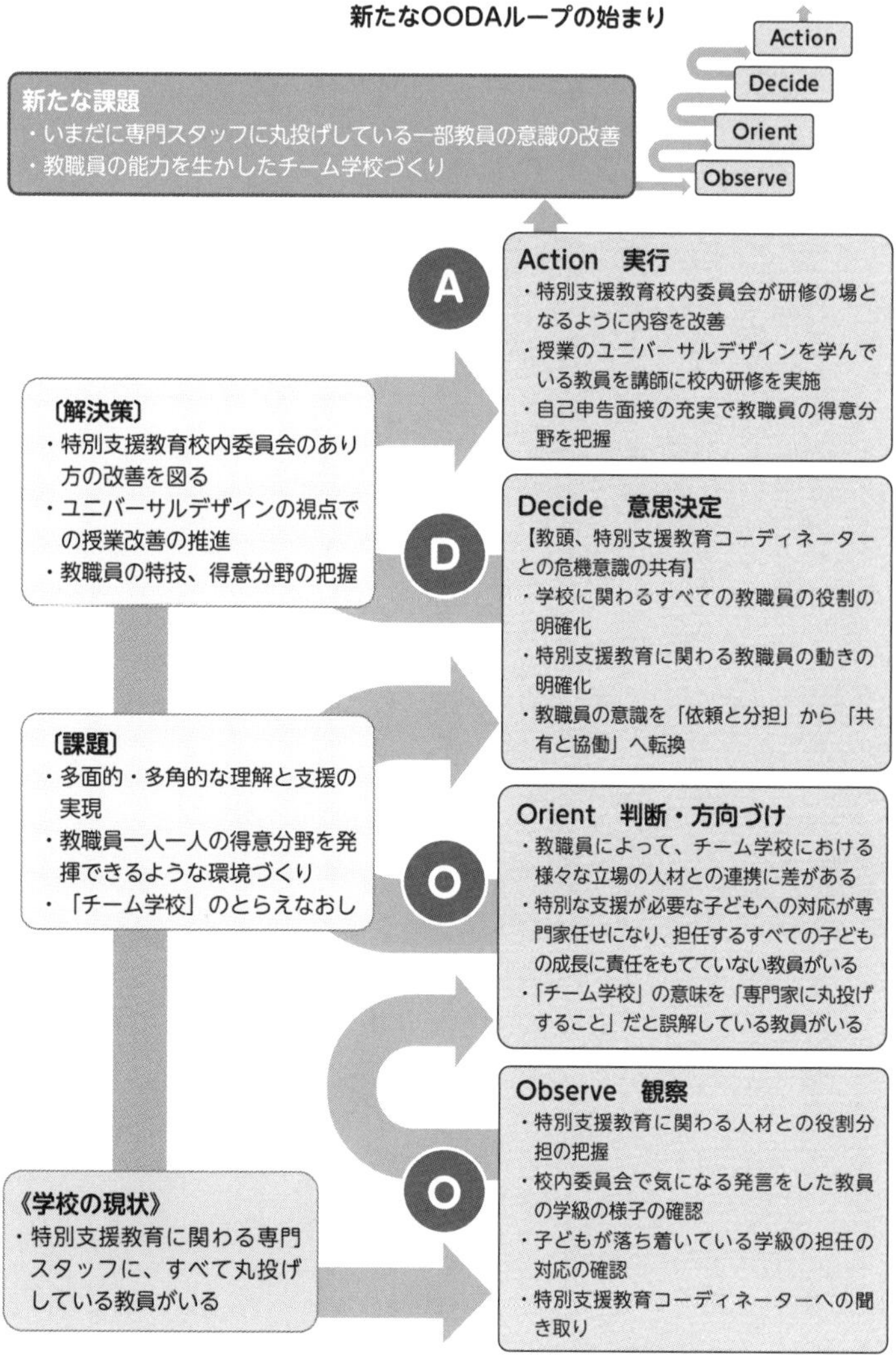
新たなOODAループの始まり
Action
Decide
Orient
Observe
新たな課題
・いまだに専門スタッフに丸投げしている一部教員の意識の改善
・教職員の能力を生かしたチーム学校づくり
A
Action　実行
・特別支援教育校内委員会が研修の場となるように内容を改善
・授業のユニバーサルデザインを学んでいる教員を講師に校内研修を実施
・自己申告面接の充実で教職員の得意分野を把握
〔解決策〕
・特別支援教育校内委員会のあり方の改善を図る
・ユニバーサルデザインの視点での授業改善の推進
・教職員の特技、得意分野の把握
D
Decide　意思決定
【教頭、特別支援教育コーディネーターとの危機意識の共有】
・学校に関わるすべての教職員の役割の明確化
・特別支援教育に関わる教職員の動きの明確化
・教職員の意識を「依頼と分担」から「共有と協働」へ転換
〔課題〕
・多面的・多角的な理解と支援の実現
・教職員一人一人の得意分野を発揮できるような環境づくり
・「チーム学校」のとらえなおし
O
Orient　判断・方向づけ
・教職員によって、チーム学校における様々な立場の人材との連携に差がある
・特別な支援が必要な子どもへの対応が専門家任せになり、担任するすべての子どもの成長に責任をもてていない教員がいる
・「チーム学校」の意味を「専門家に丸投げすること」だと誤解している教員がいる
O
Observe　観察
・特別支援教育に関わる人材との役割分担の把握
・校内委員会で気になる発言をした教員の学級の様子の確認
・子どもが落ち着いている学級の担任の対応の確認
・特別支援教育コーディネーターへの聞き取り
《学校の現状》
・特別支援教育に関わる専門スタッフに、すべて丸投げしている教員がいる

「チーム学校」をOODAループで改善する

6 校内研修——やって終わりではない仕組みづくり

事例校の状況

昇任して今年度からT中学校に着任した校長は、担任や教頭時代から校内研修をより実効性のあるものにしたいという強い思いをもっていました。暗黙の了解のように存在する「教科の壁」を崩し、すべての教員の授業力向上につながる校内研修はできないものかと考えていました。

実際、T中学校でも月に2回程度の校内研修が設定されているものの、1人1台端末の活用講習会や教科部会を開催する程度でした。研究授業は年3回予定されていましたが、5月に行われた第1回目の研究授業も特に工夫があるというわけではなく、研究協議会でもあまり学ぶものはありませんでした。それでも、「生徒の気づきをどのようにとらえ、どう生かしていくかを探っていきたい」という建設的な発言もあり、改善の可能性を感じたところです。

校内研修の目的は教員一人一人の授業力向上、教師力の向上です。学校組織の同僚性の中で学び合いながら教師としての力をつけていくことは、教育公務員特例法にも示された教員の義務です。子どもたちに学びに向かう力をつけていくためには、ロールモデルとしての教師こそ学び続けなければなりません。

校長はまず、教員一人一人の授業力からObserveしていくことにしました。

Observe 観察

授業観察と各教員からの聞き取り

研究協議会で建設的な発言をした理科のA教諭は、観察・実験を基本に子どもたちの思考を促すことに力を入れていることがわかりました。話を聞いてみると、塾などですでに知識をもっている子も多いので、その子たちが興味・関心をもって取り組める授業をめざしていると話してくれました。ただ、科学概念の獲得状況に差があって授業はむずかしく、そんな子どもの気づきを生かした授業をしたいとのことでした。

対照的なのは、同じく理科を担当するB主任です。穴埋め式のプリントをつくり、知識・技能の獲得だけをめざした授業になっていました。これで子どもたちの思考力・判断力・表現力をどう評価するのかと心配になりました。

初任3年目の国語科のC教諭は、教材理解や教材への思いの強さは感じられましたが、どこか子どもたちとの乖離を感じました。話を聞いてみると、子どもたちの考えをうまく生かすことができず、自分の路線に乗せてしまうことが課題だと話してくれました。

組織としての授業改善の状況

研究主任からも話を聞いてみると、教員によって、よりよい授業をめざしていることがわかる教員と、旧態依然の授業をしている教員が半々ということでした。なんとかしなければという思いはあるものの、日々の仕事に追われ、学校全体での授業改善に組織的に取り組む余裕がない状況です。「主体的・対話的で深い学び」を視点とする授業改善も、1人1台端末の活用を契機とした授業改善も、組織としては機能していませんでした。

Orient 判断・方向づけ

Ｏｂｓｅｒｖｅを通して、校長は教職員の現状を以下のように分析しました。
①次代を生きる子どもたちにとって必要な力（生きる力）を身につけていくことが学

校の役割であり、入試改革もその方向で進んでいることについて、共通理解ができていない

②その手段として、主体的・対話的で深い学びを視点とする授業改善が求められていることに対応できていない教員がいる

③授業改善を日常のものとするために、校内研修や研究授業を十分に活用できていない

校内研修をより実効性のあるものにしたいという校長の思いはいっそう強くなりました。そして、校長が替わった今こそ、改善のチャンスであると考えました。

子どもたちに確かな学力を育んでいくには、授業を変えていかなくてはなりません。**主体的・対話的で深い学びを視点とする授業改善**が求められていることは知っていても、具体的にどうすればいいのかを考え、実践することなくここまで来てしまったのだと分析しました。

高校進学という大きな節目と重なる中学校は、どうしても受験を意識した授業になりがちであり、教員はその対策として、知識・技能をしっかり身につけることだと考える

ことも理解できます。しかし、入試改革も進み、考える力や表現する力、中学校で何を学んできたかを重視する高校も増えています。**育成すべき資質・能力の3つの柱をバランスよく育てて**ていかなくてはなりません。教育課程が変わっても、この大事な部分が共有されていないことも大きな課題だと考えました。

明日の授業に生かしたり、教育活動を改善したりするためにあるのが研修です。**学び続ける教師集団となるための校内研修にしていく**ことが、校長の経営課題になりました。

Decide 意思決定

まず、授業改善の意味や意義について再度説明する必要があると考えました。年度当初の校長の経営計画や経営方針の説明でも触れていましたが、簡単な説明で終わっていました。また、校長、研究主任、教務主任、教頭の4者で協議し、校内研修のプログラムと研究授業および研究協議会のもちかたを工夫することにしました。さらに、喫緊の課題となっている1人1台端末の活用等についても校内研修として位置づけることにし、以下の3点を実行していくことにしました。

1　校長が講師となり、教育課程改訂の趣旨や資質・能力の3つの柱、その実現のための主体的・対話的で深い学びを視点とする**授業改善のための研修会を開催**し、授業改善の必要性を説明することにしました。教務主任に指示して時間を生み出してもらうことにしましたが、教務主任からは、校内研修という言葉にすでにイメージがついているので、「授業改善プロジェクト」というネーミングはどうかという提案があり、「第1回授業改善プロジェクト」の開催を決めました。

2　授業改善に関わる校内研修を授業改善プロジェクトとして、子どもたちの思考をどう促すか、気づきをどう取り上げていくかといったテーマを決めて、**研究授業の研修プログラムをつくっていく**ことにしました。研究授業も1人1台端末の活用と思考力・判断力・表現力というテーマで行うことを決め、授業公開として回数を増やしていくことにしました。

3　週1回の職員夕会の10分間を**授業改善プロジェクトミニ研修として位置づけ**、1人1台端末の活用や授業改善のヒントを共有する場として設定することにしました。

Action 実行

1 第1回授業改善プロジェクトの実施

校長は、教員に主体的・対話的で深い学びを視点とする授業改善の必要性を説明しましたが、説明だけでは実感がわきません。そこで、主体的とはどのようなことなのか、主体性を発揮している姿やそのための教師の仕掛けについて、数人のグループで協議を行いました。

その際、教員の1人1台端末でジャムボード（オンライン上のホワイトボード）を使って発信させ、研究主任が整理していきました。初めて使った教員も多かったようですが、これなら子どもたちにも使わせることができると言っており、1人1台端末活用のきっかけとなりそうです。

2 日常的な授業公開の実施

すでに実施することが決まっている2学期、3学期の研究授業では、子どもたちの主体性を発揮させるための教師の働きかけについて検証することにしました。2学期の研究授業は「気づきを生かした授業をしたい」と言っていたA教諭に担当してもらうことにしました。

また、設定された研究授業だけでなく、少しでもチャレンジのある授業を計画している場合は、全員に呼びかけ空き時間の教員が参加する日常的な授業公開を実施するようにしました。

意外だったのは音楽科のＤ教諭でした。子どもたちが音楽で頑張っている様子を見てほしいと毎回のようにアナウンスをしていました。確かに子どもたちをその気にさせる技術は参考になるものでした。互いに授業を見せ合うということのハードルが低くなってきたのは大きな一歩でした。

３　授業改善プロジェクトミニ研修会

ジャムボードを使ったことをきかっけに、１人１台端末の可能性に気づいた教員が出てきました。その一人であるＥ主任に、授業改善プロジェクトミニ研修の講師を任せました。実際の授業での活用状況を説明してもらい、他の教員が子どもも役になって実際に使ってみました。子どもたちの入力スキルの問題を指摘する教員もいましたが、そのためにも使い慣れる必要があると切り返していました。

新たな課題へのOODAループへ

当初、忙しさを理由に授業改善プロジェクトに消極的だった教員も、子どもたちの変化を感じることで雰囲気が変わってきました。1人1台端末の活用も、教科によるばらつきはあるものの、確実に前進しています。そもそも教師には改善意欲があり、それを信じて環境を整えることが大事なのだと痛感しました。

教員免許更新制に代わり、新しい教員研修制度が始まろうとしています。ここでは教員研修の個別最適化も求められます。その実現のためには、校長にアセスメント能力が必要となります。校長自身の資質・能力向上のために、自らの取り組みをObserveする必要が出てきました。

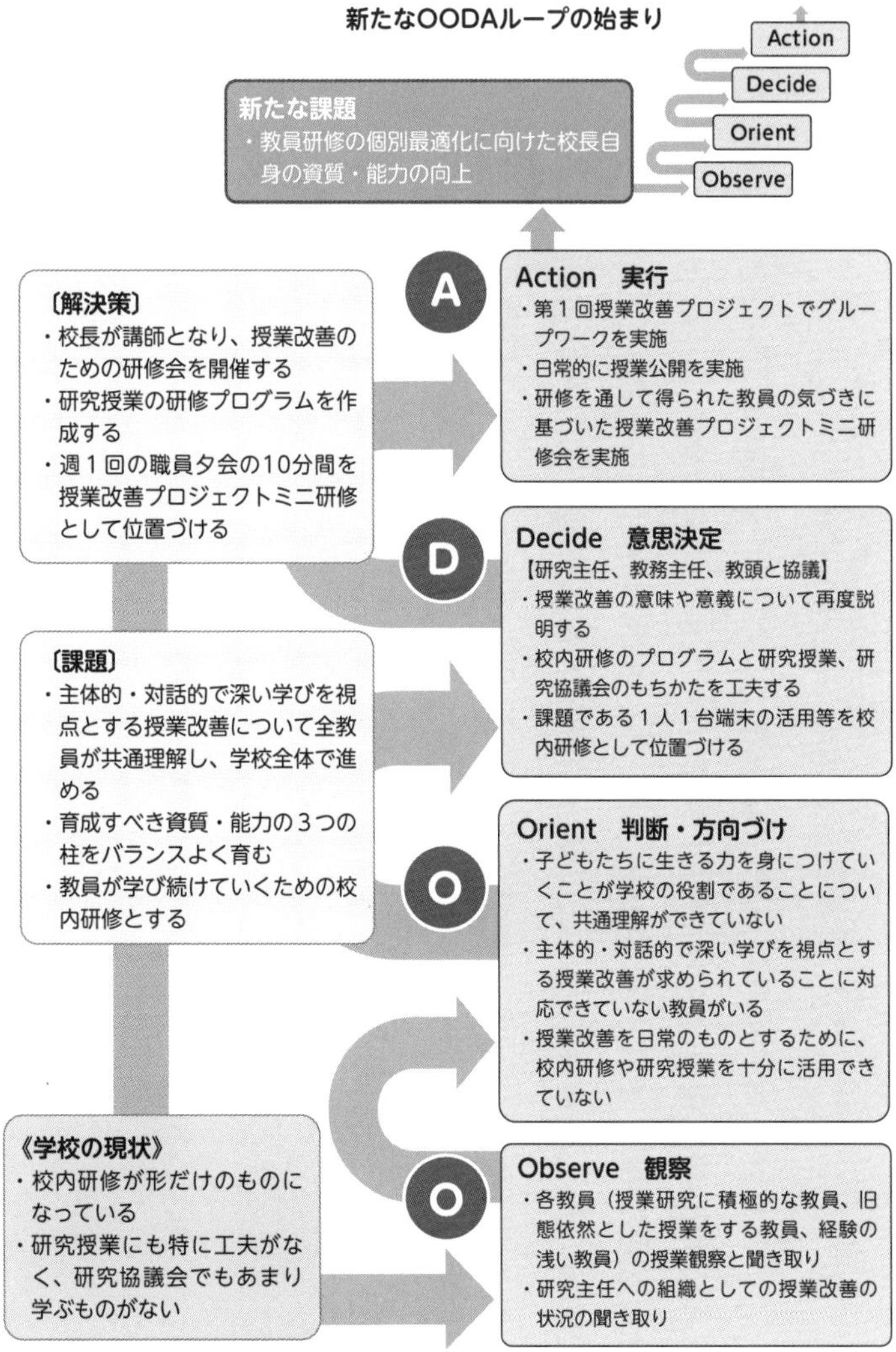
新たなOODAループの始まり
Action
Decide
Orient
Observe
新たな課題
・教員研修の個別最適化に向けた校長自身の資質・能力の向上
〔解決策〕
・校長が講師となり、授業改善のための研修会を開催する
・研究授業の研修プログラムを作成する
・週１回の職員夕会の10分間を授業改善プロジェクトミニ研修として位置づける
A
Action　実行
・第１回授業改善プロジェクトでグループワークを実施
・日常的に授業公開を実施
・研修を通して得られた教員の気づきに基づいた授業改善プロジェクトミニ研修会を実施
D
Decide　意思決定
【研究主任、教務主任、教頭と協議】
・授業改善の意味や意義について再度説明する
・校内研修のプログラムと研究授業、研究協議会のもちかたを工夫する
・課題である１人１台端末の活用等を校内研修として位置づける
〔課題〕
・主体的・対話的で深い学びを視点とする授業改善について全教員が共通理解し、学校全体で進める
・育成すべき資質・能力の３つの柱をバランスよく育む
・教員が学び続けていくための校内研修とする
O
Orient　判断・方向づけ
・子どもたちに生きる力を身につけていくことが学校の役割であることについて、共通理解ができていない
・主体的・対話的で深い学びを視点とする授業改善が求められていることに対応できていない教員がいる
・授業改善を日常のものとするために、校内研修や研究授業を十分に活用できていない
《学校の現状》
・校内研修が形だけのものになっている
・研究授業にも特に工夫がなく、研究協議会でもあまり学ぶものがない
O
Observe　観察
・各教員（授業研究に積極的な教員、旧態依然とした授業をする教員、経験の浅い教員）の授業観察と聞き取り
・研究主任への組織としての授業改善の状況の聞き取り

「校内研修」をOODAループで改善する

7 生徒指導——幼保・小・中と切れ目のない児童生徒対応の足がかり

事例校の状況

W中学校では、1年生の生徒Aの問題行動が課題になっていました。入学当初から授業に身が入らず、周囲の生徒の邪魔をしていました。教員が注意したときは改まるものの、すぐに同様のことを繰り返しています。最近では友だちの生徒Bも同じような行動をとるようになりました。

5月からは、生徒A・生徒Bの保護者との面談を繰り返していますが、双方の保護者とも同じように、小学校ではまじめに勉強しており、中学校の仲間や対応に問題があるのではないか、と聞く耳をもちませんでした。担任や学年主任、生徒指導主任が対応していますが、改善の糸口が見えていません。校長は、生徒Aに関わるObserveを始めました。

Observe 観察

生徒Ａ本人からの聞き取り

授業中の様子は確認していましたが、教室で声をかけながら関係をつくり、校長室に呼んで話を聞くことができました。生徒Ａからは、特に邪魔をしようと思っているわけではないこと、授業がおもしろくないこと、生徒Ｂとは小学校からの友だちだが特に仲がよかったわけではないことなどを話してくれました。また、中学校に入って教科ごとに先生が変わることも慣れないとも話してくれました。

学年主任、生徒指導主任からの聞き取り

学年主任の話では、入学前に行われた小学校との引き継ぎでは、配慮が必要な生徒として名前はあがってこなかったようです。生徒指導主任も、教頭を通して卒業小学校に話を聞いたところ、応援団長をするなど活発な子で、人に迷惑をかけることはなかったとのことでした。現担任と小学校の担任で話したときも、Ａ君は中学校で変わったと噂になっており、中学校で何かあったのではないかと思っているとの話があったようです。

校長のこれまでの経験でも、中学校で子どもが変わるのは中学校の指導が原因だと考える小学校の先生が多いように感じていました。一方で中学校では、もう少し小学校で指導しておいてくれればなどと責任転嫁しようとする思考があります。どれも成長の過程の問題であり、大事なことは責任の所在ではなく、一貫して子どもを見ていく姿勢とその仕組みです。

小学校指導要録の学習の記録、教科担当者でのカンファレンス

校長はあらためて小学校の指導要録の抄本を確認しました。校長が気になったのは学習の記録でした。全体的に平均を下回っています。本人と話した時も、その表現力の幼さが気になっていました。そこで、5月までの各教科の学習の成果を持ち寄って担当者でカンファレンスを行いました。数学などは小学校からの積み重ねでできているものの、国語や社会など言語理解がネックになっているのではないかということになりました。

なお、小学校からはこのような情報は全くありませんでした。

Orient 判断・方向づけ

Observeを通して、校長は生徒Aの現在の状況の背景について、以下のように分析しました。

①生徒Aの問題行動にばかり焦点を当ててしまっており、その原因に何があるかを把

握しようとしていない

②小・中での連携が形骸化し、真に必要な子どもの情報が十分に共有できていない

③W中学校の教職員同士も、生徒に関わる情報が共有できていない

中1ギャップという言葉があるように、子どもにとって中学校進学は、大きな変化です。その変化を小さくしていこうと、中学校でもかなり気を遣ってきました。しかし、学級担任が長時間関わる小学校と、ホームルームと担当教科でしか接しない中学校では、子どもによってその安心感が異なります。生徒Aは小学校の担任との関係の中で、言語能力を中心とする学習へのサポートを受けていたはずです。しかし、**中学校ではそこまで丁寧な対応はできず**、だんだん授業についていけなくなってきたことが、問題行動の原因であると考えられました。

小中連携の重要性が言い続けられ、教育委員会が主催する研修や、相互の授業を見合ったり情報共有したりする機会が増えました。しかし、それは**形骸化していることが多く、真に子どもの情報を伝えていくということが十分ではありません**でした。その結果が生徒Aの事例です。**子ども一人一人についてもっと詳細な情報共有**があれば、このよ

うな事態にはならなかったかもしれません。

同じように、自校の中でも生徒に関わる情報が共有されていれば、早く手が打てたはずです。学校は生徒指導を問題行動の視点のみで見ている傾向があります。問題行動のある子どもや特別な支援を必要とする子どもの情報連携は機能していますが、それは学校の視点であり、子どもたちが自発的かつ主体的に自己を成長させていく過程を支援するという本来の意味を忘れていました。そのためにも、**就学前教育から中学校までの12年間の育ちを、切れ目なく見守っていくという視点**が必要であると考えました。

Decide 意思決定

学年主任や生徒指導主任と相談し、生徒Aについての短期的な対応として、学力保障の策を考えました。授業中の個別指導の時間確保と個別課題の作成により、まずは生徒Aが自信をもてるようにしていくことにしました。また、スクールカウンセラーや担任との学習カウンセリングにより、つまずきの根本を探っていくことも決めました。生徒Bについては、生徒Aの変容によって改善すると考え、見守っていくことにしました。

今回の生徒指導の課題は「連携」の実質化です。形ばかりになっていた生徒指導のための連携をとらえなおす必要があります。その視点として、校長は次の3つの視点から対応していくことを決めました。

1　W中学校における小学校への聞き取り項目は、生活・学習・健康・友だち関係、その他です。人数が多いと小学校側の気になる子が中心に報告されますが、時間を要してもすべての子の情報を得るべきでした。そのため、**多面的・多角的な連携**を図っていくことにしました。小学校で問題がなかったから中学校でもそのとおりになるという保障がないことは生徒Aが教えてくれました。

2　生徒指導は問題行動への対応、未然防止に重点が置かれます。教職員同士の日々の会話では子どもの名前があげられていますが、学習でのつまずきや認知パターンの特性までの情報共有はなく、学習の問題を原因とする問題行動への気づきが遅くなっています。もっと**子どもたちの学習の状況に焦点を当てていく**ことにしました。

3　互いの授業や保育の様子を見合うといった相互理解は連携教育の前提として必要で

すが、これからの連携教育は子どもたち一人一人の成長や資質・能力の状況という視点で見ていく必要があります。接続期だけの情報共有ではなく、接続後の情報連携も重要です。それは、担任した子どもたちがどのように成長していくのか、という理解につながります。それぞれの段階で責任を果たすことはもちろんですが、その後の成長の様子と指導を振り返ることで、教職員の生徒指導力は向上するはずです。そこで、**生徒指導の視点で連携教育を再考する**ことにしました。

Action 実行

1 情報連携・聞き取りシートの作成

多面的・多角的な連携を実現するために、生徒指導部会に聞き取りシートの作成を指示しました。これまでは資料にメモする程度で、組織で共有するには情報が不足していました。誰が担当しても情報の質が担保されるよう、聞き取り事項を精選し、指導に役立つと思われる情報を記載できるように考えました。

生徒指導部では、これを小学校に送って記入してもらってはどうかという意見も出たようですが、それでは発信側の判断になってしまうことから、あくまでも聞き取ることを前提としました。中学校視点で聞き取ることによって、聞き取る教職員の生徒理解力や危機意識も高まっていくはずです。

実際に使うのは年度末ですが、それまでにブラッシュアップしていく予定です。

2 学力の状況を把握する

1年生全員の小学校からの指導要録抄本、4月からの各教科の学習評価資料をそろえ、現時点の学習状況を把握しました。学級ごとに学力面で心配される子どもを洗い出し、情報共有を図り、加えて発達の課題や学習環境としての家庭や友だち関係についても共有したところ、小学校での学習状況には特に問題はないものの、生徒Aのように中学校の学び方についてこられない生徒がほかにも存在することが判明しました。その中でも生徒Aのように生活面にその反動が表れ出している生徒がいることもわかりました。

また、授業では積極的に発言するのに、文字言語での表現に課題がある生徒についても話題になりました。どの教科でも同様の状況であることもわかり、認知の問題ではないかということになり、スクールカウンセラーに相談することも決まりました。

学習の状況を改善することが生活上の課題解決につながることは、有能感の積み重ねによる自己肯定感の高まりで説明することができると考えています。

今回は1年生のみでしたが、今後他学年でもやっていくつもりです。学級担任が多くの授業を担当する小学校と教科担任制の中学校、その変化の狭間にあって、子どもたちが苦労をしていることが明らかになったことは貴重な学びでした。

3 生徒指導視点で連携教育を実現する

教育委員会が主催して、近隣の保育園・幼稚園、小学校、中学校が一堂に会して同じテーマについて話し合ったり、保育や授業の様子を見たりといったことが行われています。しかし、それはあくまで相互理解の域から脱していません。12年間の学びの連続性や9年間の成長という子どもの視点が抜けています。それぞれの段階での責任を果たしていくことはもちろんですが、子ども一人一人にスポットを当て、12年間での成長の様子を把握することが大切です。それぞれの教育が次の学校でどのように生きてくるのかといったケーススタディが必要だと考えました。

しかし、中学校だけでできることではありません。今後、近隣の保育園・幼稚園、小学校に働きかけていきたいと思っています。また、校長会でも提案し、教育委員会へ働きかけていくことも考えています。

新たな課題へのＯＯＤＡループへ

令和４年12月に「生徒指導提要」が改訂されました。そこでは、「生徒指導とは、児童生徒が、社会の中で自分らしく生きることができる存在へと、自発的・主体的に成長や発達する過程を支える教育活動のことである。なお、生徒指導上の課題に対応するために、必要に応じて指導や援助を行う。」とされています。

これまでの生徒指導では、いじめ問題等の喫緊の課題への対応などがクローズアップされてきましたが、現象だけでなく、もっとトータルで子どもを見ていく必要がありま す。その意味でも、生きる力の要素としての「確かな学力」「豊かな心」「健やかな体」のいわゆる「知徳体」は個別のものではなく、それぞれが深く関わっています。学校教育がそれぞれを便宜的に分けて考えてきたことも、今の子どもたちの現状に合っていないのではないかと、校長は考えるようになりました。たとえば子どもたちのメタ認知力は知徳体のそれぞれに大きく影響します。子どもたちのメタ認知力をどのように伸ばしていくか、どのように見取っていくか、子どもの様子を見ながら考えることにしました。

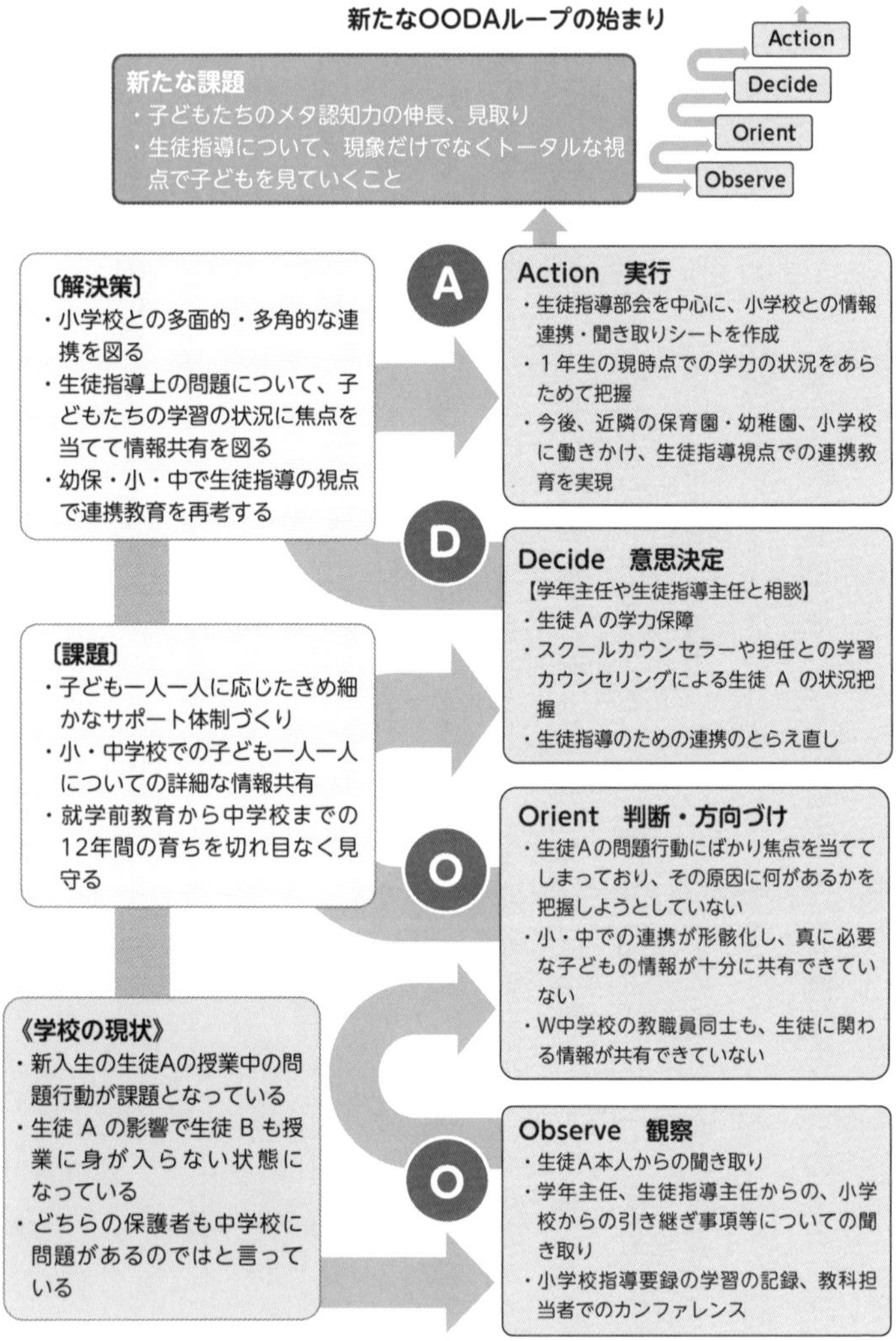
新たなOODAループの始まり
Action
Decide
Orient
Observe
新たな課題
・子どもたちのメタ認知力の伸長、見取り
・生徒指導について、現象だけでなくトータルな視点で子どもを見ていくこと
A
Action　実行
・生徒指導部会を中心に、小学校との情報連携・聞き取りシートを作成
・１年生の現時点での学力の状況をあらためて把握
・今後、近隣の保育園・幼稚園、小学校に働きかけ、生徒指導視点での連携教育を実現
〔解決策〕
・小学校との多面的・多角的な連携を図る
・生徒指導上の問題について、子どもたちの学習の状況に焦点を当てて情報共有を図る
・幼保・小・中で生徒指導の視点で連携教育を再考する
D
Decide　意思決定
【学年主任や生徒指導主任と相談】
・生徒 A の学力保障
・スクールカウンセラーや担任との学習カウンセリングによる生徒 A の状況把握
・生徒指導のための連携のとらえ直し
〔課題〕
・子ども一人一人に応じたきめ細かなサポート体制づくり
・小・中学校での子ども一人一人についての詳細な情報共有
・就学前教育から中学校までの12年間の育ちを切れ目なく見守る
O
Orient　判断・方向づけ
・生徒Aの問題行動にばかり焦点を当ててしまっており、その原因に何があるかを把握しようとしていない
・小・中での連携が形骸化し、真に必要な子どもの情報が十分に共有できていない
・W中学校の教職員同士も、生徒に関わる情報が共有できていない
《学校の現状》
・新入生の生徒Aの授業中の問題行動が課題となっている
・生徒 A の影響で生徒 B も授業に身が入らない状態になっている
・どちらの保護者も中学校に問題があるのではと言っている
O
Observe　観察
・生徒A本人からの聞き取り
・学年主任、生徒指導主任からの、小学校からの引き継ぎ事項等についての聞き取り
・小学校指導要録の学習の記録、教科担当者でのカンファレンス

「生徒指導」をOODAループで改善する

８ 保護者との関わり
──学校・子ども・保護者が共に歩む学校へ

事例校の状況

Ｙ小学校の保護者は概して学校に協力的です。ただ、ごく一部の保護者は、担任の指導の不備を責め続けることがあり、管理職も間に入って対応していました。

その中の一人である保護者Ｎは、自分の子どもだけが担任からないがしろにされていると訴え続けています。校長も直接話を聞いていますが、年度当初にプリントを渡されなかったことを発端に同じことが続いているという訴えです。確かに、当該児童にプリントを渡すのを忘れ、翌日に渡すということはありましたが、その際は本人や保護者に謝罪し、その後は同様のことはなく、担任も改善のしようがありません。

校長が話を聞くと、ひとしきり主張をした後は「これからもよろしくお願いします」と明るく言って終わります。こんなやりとりが定期的に行われていました。校長は、教職員の対応の問題というよりも、保護者Ｎの心の問題ではないかと感じていました。そのように見ていくと、保護者の心の不安定さが子どもたちの生活に影響している事例が他にも散見され、保護者対応の視点でＯｂｓｅｒｖｅを始めることにしました。

Ｏｂｓｅｒｖｅ 観察

各学年主任からの報告

まず、学年主任会の機会に、学年ごとの保護者の状況を報告してもらいました。保護者会の出席率は学年進行とともに下がっており、６年生では２割という低さの学級もありました。対応に苦慮している保護者、かなり気を遣いながら対応している保護者は各学年で１割以下ではありましたが、保護者Ｎのような保護者がもう一人いました。

また、学年主任が異口同音に言うのは、自分の子どもにしか関心が向かない保護者が多いということでした。学年としてこうしたい、こんな子どもたちにしていきたいと保護者会で説明しても、反応が薄く家庭での協力を得るのはむずかしいとのことでした。

ＰＴＡ会長からの聞き取り

ＰＴＡ会長からも話を聞きました。自身もＹ小学校の卒業生で、地域を熟知している方です。会長からは、集合住宅の増加に伴って町会に加入する割合も減り、住民のコミュニティが薄くなっていること、生活が最優先で学校のことは学校に任せると考えている保護者が増えていることを教えてくれました。また、ＰＴＡが主催する子育てセミナーを企画しても、なかなか人が集まらず、子ども以外はみな就労している家庭も増えており、開催時間帯の工夫やオンライン開催も考えているとのことでした。

子どもたちの問題行動の現状

ＰＴＡ会長の話を聞いて、校長にも思い当たることがありました。それは、保護者から関心を向けてもらえていないことの反動から生じていると思われる、子どもの問題行動が増えてきたという実感です。愛着形成の課題が学校生活にも影響を及ぼしているのではないかと考えました。

Orient 判断・方向づけ

Ｏｂｓｅｒｖｅを通して、校長は保護者の状況やＹ小学校の保護者対応について、以下のように分析しました。

①保護者の精神的・時間的余裕のなさから、学校への興味・関心も低くなっている
②教職員が保護者の無関心さをそういうものだとあきらめている

③学校から保護者への情報発信が効果的なものとなっていない

保護者は概して協力的と感じていたのは、批判的な発言や不満が聞こえてこなかっただけであり、学校への興味・関心が低いということも考えられます。事実、保護者会の参加率も下げ止まり状態です。また、ＰＴＡ会長の発言のように、学習や生活など学校でのことは学校に任せていると考えている保護者もおり、精神的・時間的余裕がなく生活している保護者が多いのだと判断しました。

一方で、教職員も保護者から意見をもらうことは好まず、無関心ならそれでいいとあきらめているところも見えてきました。家庭と学校は車の両輪だと話している校長としては、看過できないことでした。学校だけが車輪を回して家庭の車輪が回っていなかったり、逆向きに回っていたりしたら、子どもはまっすぐに成長することはできません。

そこで校長は、**親としての保護者の力の向上をめざす**ことも必要だと判断しました。それは、学校が保護者を教育していこうという大仰なものではありません。学校が子どもと共に歩んでいるように、**保護者にも子どもと共に歩んでいってほしいという思いを伝えていく**ことです。

Decide 意思決定

「子どもと共に歩む保護者」は、今年度のPTA活動のテーマでもありました。そこで、PTA会長、教頭と3人で学校として何ができるかを考えました。何か新しいことをするのではなく、すでに取り組んでいることに「子どもと共に歩む保護者」の視点を加え、アップデートすることから始めていくことにしました。

PTA会長からは、多くの保護者にとって、自分の子の活躍や成長は嬉しいはずで、その発信を工夫したら学校への関心が高まるのではないかという提案がありました。また、子育てや生活に悩みを抱えている保護者もおり、学校はそのサポート窓口になれないかという質問もありました。

保護者会の参加率を上げることについては、夕方からの開催やオンライン活用ができないかというPTA会長からの提案に対し、教頭から学校における働き方改革に逆行するのではないかという意見も出ました。

3者での検討をふまえ、校長は次の3点に取り組んでいくことを決めました。

1　保護者会・個人面談の開催方法を改善することにしました。年3回の保護者会のうち、年度当初の保護者会は夕方開催とし、オンラインでの配信も合わせて行うことにしました。新しい学年となり担任との出会いの場をしっかりと設定することで、保護者との人間関係づくりの端緒としたいと考えました。また、夏季休業中に希望者のみで行っていた個人面談を、オンラインも含めた全員実施とすることにしました。

2 管理職を窓口とした、**保護者・子育て支援窓口を設置**し、子育てや生活の悩みに関する相談をワンストップで受け付けることを考えました。これまでは、相談窓口を1枚にまとめたプリントを配布していましたが、これは活用されていませんでした。学校では解決できない事案が多いことが考えられるので、実際には相談機関を紹介し、つなげるという役割を果たすことになります。

3 会長からの助言のように、子どもの様子を伝えながらそれを教育的に価値づけし、**保護者に情報発信**していくことを考えました。学年だよりやホームページを使って子どもたちの活動の様子は発信してきましたが、そこには、学校教育で行う意義や教育的価値の説明がありませんでした。保護者に学校での子どもたちの様子を理解してもらい、家庭で子どもたちとそれを話題にしてもらえればと考えました。

Action 実行

1 保護者との情報共有

すでに年度当初の保護者会は終了していたので、2学期末に行う保護者会を通常よりも2時間繰り下げて午後4時開催とすることにしました。また、オンラインとのハイブリッドにして、保護者の利便性を高めることを考えています。

夏季休業中の個人面談では半数がオンライン参加でしたが、学校での様子を担任から聞くことができたことや、いろいろ質問ができてよかったという反応がありました。仕事が増えると言っていた教員も、保護者と情報共有ができたことで少し安心したと言ってくれました。

2 ワンストップ窓口

保護者・子育て支援窓口の設置について、文書やオンライン連絡網を使って周知しました。周知してから1ヵ月間で6件の電話がありましたが、ほとんどは子どもの人間関係や学習に関するもので、担任から連絡したり、スクールカウンセラーにつなげたりといった対応で終わりました。生活に関わることは学校には知られたくないという心理も働くのかもしれません。自治体の相談体制との連携を模索していくことにしました。

3 情報発信の工夫

Ｙ小学校では、ＬＩＮＥやメールを使った連絡網を利用しています。学校からの一斉連絡や学級別の連絡もでき、とても便利です。また、保護者からの欠席連絡や体調報告などでも毎朝活用しています。ただ、学校からの発信は告知的で事務的なものが多いのが実態でした。そこで、子どもたちが活躍している場面を積極的に発信していくことを考えました。ホームページに誘導する形で、更新情報を伝えるとともに、ホームページでは、これまでの写真とキャプションに加え、その教育的意義や育まれる資質・能力の視点も伝えていきました。

ホームページの閲覧数は確実に増えていますが、学校の意図が伝わっているか、家庭で話題にしていたかといったことは把握できていません。今後、学校評価に向けた保護者アンケートで確認していきたいと思っています。

新たな課題へのＯＯＤＡループへ

組織への不満は、情報が伝わってこないこと、また情報が偏っていることに起因することが多くあります。その意味で、「学校はここまで」と自ら線引きして改善を怠ってきたとも言えます。子どもたちに関わる情報発信の内容を工夫したり、保護者会等に参加しやすい環境をつくったりする取り組みは始まったばかりです。その反応を時間差なくとらえられないのが課題です。ツイッター等のＳＮＳの活用も考える時代になってきたのかもしれないと、校長は迷いながらも新たな策を考えることにしました。

また、「子どもと共に歩む保護者」をめざしていくことは、学校教育を通してよりよい社会をつくっていくという「社会に開かれた教育課程」の実現にもつながるものです。しかし、教育基本法の「父母その他の保護者は、子の教育について第一義的責任を有する」という意味が浸透しておらず、いまだに教育＝学校という図式があります。成長に関心が向けられない子どもたちの環境や、いわゆる「子どもの貧困」の問題も広がっています。大きな課題ではありますが、学校としてできることもあるはずです。校長は学校だけでなく、学校を取り巻く環境をＯｂｓｅｒｖｅしていくことにしました。

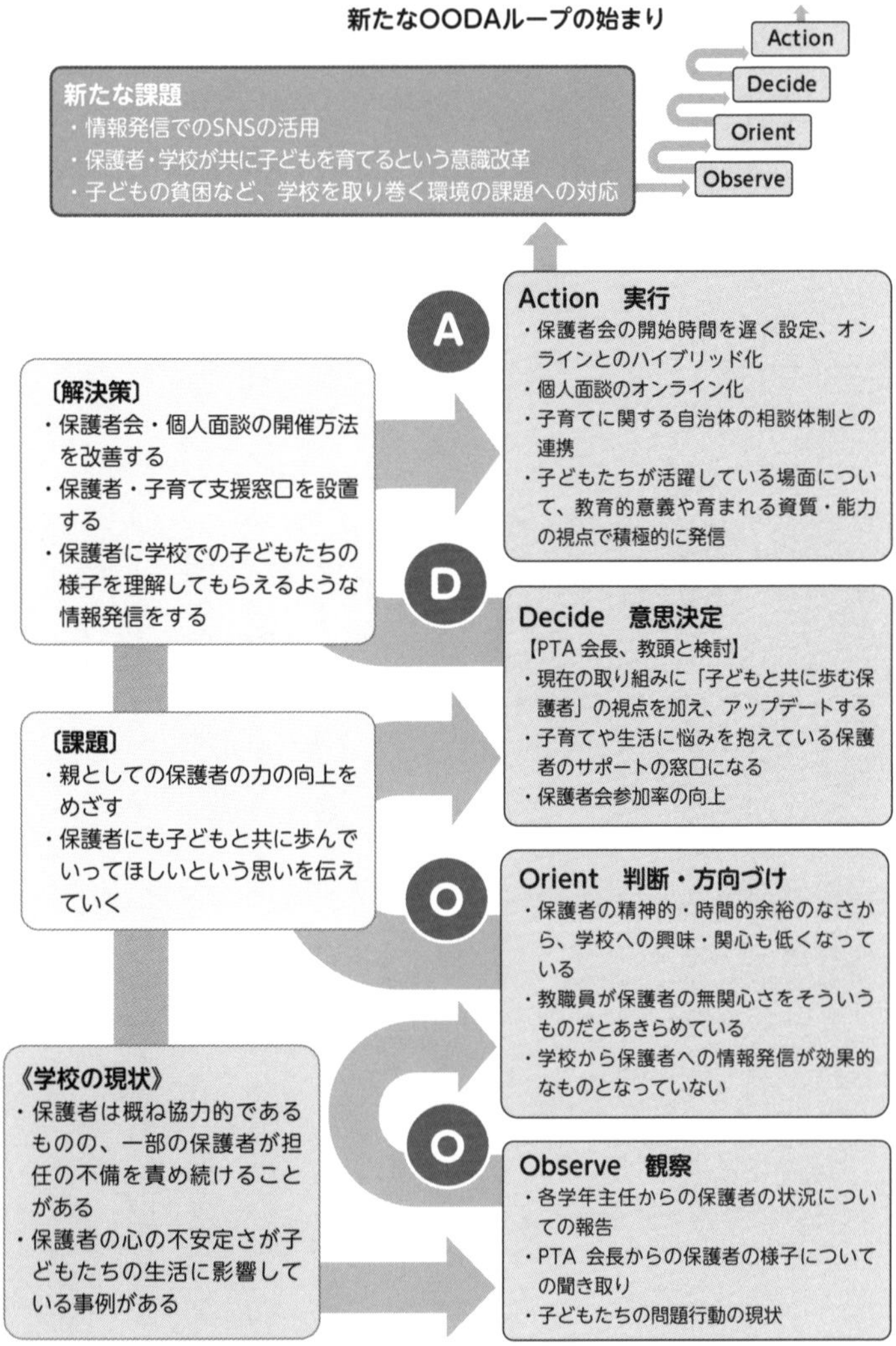
新たなOODAループの始まり
Action
Decide
Orient
Observe
新たな課題
・情報発信でのSNSの活用
・保護者・学校が共に子どもを育てるという意識改革
・子どもの貧困など、学校を取り巻く環境の課題への対応
A
Action　実行
・保護者会の開始時間を遅く設定、オンラインとのハイブリッド化
・個人面談のオンライン化
・子育てに関する自治体の相談体制との連携
・子どもたちが活躍している場面について、教育的意義や育まれる資質・能力の視点で積極的に発信
〔解決策〕
・保護者会・個人面談の開催方法を改善する
・保護者・子育て支援窓口を設置する
・保護者に学校での子どもたちの様子を理解してもらえるような情報発信をする
D
Decide　意思決定
【PTA 会長、教頭と検討】
・現在の取り組みに「子どもと共に歩む保護者」の視点を加え、アップデートする
・子育てや生活に悩みを抱えている保護者のサポートの窓口になる
・保護者会参加率の向上
〔課題〕
・親としての保護者の力の向上をめざす
・保護者にも子どもと共に歩んでいってほしいという思いを伝えていく
O
Orient　判断・方向づけ
・保護者の精神的・時間的余裕のなさから、学校への興味・関心も低くなっている
・教職員が保護者の無関心さをそういうものだとあきらめている
・学校から保護者への情報発信が効果的なものとなっていない
《学校の現状》
・保護者は概ね協力的であるものの、一部の保護者が担任の不備を責め続けることがある
・保護者の心の不安定さが子どもたちの生活に影響している事例がある
O
Observe　観察
・各学年主任からの保護者の状況についての報告
・PTA 会長からの保護者の様子についての聞き取り
・子どもたちの問題行動の現状

「保護者との関わり」をOODAループで改善する

第4章

OODAループで令和の日本型学校教育を創造する

Orient　Observe　Decide　Action

1 令和の日本型学校教育とは

「令和答申」の意味

令和3年1月、中央教育審議会は答申を行いました。「『令和の日本型学校教育』の構築を目指して～全ての子供たちの可能性を引き出す、個別最適な学びと、協働的な学びの実現～」というタイトルの答申は、「令和答申」としてこれからの学校教育を創造していくうえでの羅針盤になるものです。改元に伴い、新たな時代の始まりを予感させるタイトルですが、「令和の」が付くことに大きな意味があります。海外からも評価されている日本型学校教育ですが、いろいろなところで無理が生じており、ここで、新たな日本型学校教育をつくっていこうというのがこの答申の意味です。

では、令和の日本型学校教育とはどんな教育なのでしょうか。それは、答申前に全面実施となった学習指導要領にヒントがあります。

これまで、学習指導要領の改訂は、中央教育審議会の答申を受けて行われていました。しかし、現行の学習指導要領では、中央教育審議会の議論と並行して、特別部会による改訂作業も進んでいました。令和答申も、現行の学習指導要領の理念をふまえたうえで、さらなる改善の視点として示されています。それだけ、時代の流れが加速し、学習指導要領の改訂作業も加速する必要が出てきたのかもしれません。

学習指導要領前文に示されたこれからの時代を生きる力

学習指導要領に前文が位置づき、これからの教育の理念が語られていることも初めてのことです。前文には次のような記述があります。

「これからの学校には、こうした教育の目的及び目標の達成を目指しつつ、一人一人の児童（生徒）が、自分のよさや可能性を認識するとともに、あらゆる他者を価値のある存在として尊重し、多様な人々と協働しながら様々な社会的変化を乗り越え、豊かな人生を切り拓《ひら》き、持続可能な社会の創り手となることができるようにすることが求められる。」

「これからの学校」とは、まさに令和の時代の学校です。そして、「自分のよさや可能性を認識する」「あらゆる他者を価値のある存在として尊重」「多様な人々と協働」などの言葉は、これまでの日本型学校教育に足りなかった視点です。そして、「様々な社会的変化を乗り越え、豊かな人生を切り拓き、持続可能な社会の創り手となる」ことは、真に必要な生きる力ととらえることができます。変化に対応する力から、自ら変化を創り出し人生を切り拓いていく力、SDGsの実現に向けた貢献など、生きる力はそのとらえ方が拡大しています。

令和の日本型学校教育の実現に向けて、校長は何を考え、どう行動していけばよいのか、OODAループを使って検証していきたいと思います。

2 日本型学校教育のObserve

(1) 日本型学校教育の成果と課題

学校が果たしてきた役割

答申では、日本型学校教育が果たしてきた役割を次の3点に整理しています。

○学習機会と学力を保障する役割：全国津々浦々、どこに行っても学校があり、教科書を使った質の高い教育が受けられる国はそう多くありません。日本の子どもたちの平均的な学力の高さは、義務教育制度によって支えられています。この義務教育制度こそ日本型学校教育そのものと言えます。

○全人的な発達・成長を保障する役割：学習指導だけでなく、子どもたちの生活も含めたすべてに関わっていくのが日本型学校教育の特徴です。学習指導と生徒指導、教育相談的指導、中学校における部活動など、様々な場面を通して子どもたちを育んできました。

○人と安全・安心につながることができる居場所としての役割：学校がセーフティネットとしての役割を果たしていることは、奇しくもコロナ禍における一斉休業で知ることになりました。

確かに、世界に誇る日本型学校教育ですが、その実現の背景には教員の献身的な努力がありました。それが長時間勤務を招き、健康を害する教員も増えています。日本型学校教育は、教員の犠牲の上に成り立ってきたというのが現実です。

学校の状況のＯｂｓｅｒｖｅ

このような実態の中で、ここ数年の状況をＯｂｓｅｒｖｅしてみると、次のようなことが顕著になりました。

第一に教員採用選考の倍率低下です。恒常的な教員の長時間勤務は、学校はブラックであるというイメージをつくりました。さらに、若者の職業観の変化もあって、教員をめざす若者が減っています。教員不足は学校を疲弊させ、その状況がさらなる教員不足を招くという悪循環に陥っています。

第二に、ＩＣＴを含めた教育環境の遅れや、職場環境としての学校における働き方改革の遅れがあります。学校運営に関わる仕組みやデジタル機器の導入も、社会から隔絶されていると言えるほど遅れています。ＧＩＧＡスクール構想によって整備は進んではいますが、通信環境やＩＣＴ機器を活用した校務改善は発展途上です。学校における働き方改革の名のもとに教員の意識は変わってきたものの、定数改善といった抜本的な改善は見られないままです。学校を外から眺めると、社会の変化から大きく取り残されていることがわかります。

(2) 学校に内在する課題のＯｂｓｅｒｖｅ

日本型学校教育の課題は、学校の中にも見出すことができます。学校の中にいると気づかないこともありますが、答申ではそんな学校に内在する課題を指摘しています。

「正解主義」を洗い出す

「その際、従来の社会構造の中で行われてきた『正解主義』や『同調圧力』への偏りから脱却し、本来の日本型学校教育の持つ、授業において子供たちの思考を深める『発問』を重視してきたことや、子供一人一人の多様性と向き合いながら一つのチーム（目標を共有し活動を共に行う集団）としての学びに高めていく、という強みを最大限に生かしていくことが重要である。」（答申より抜粋）

子どもたちにとって、教師は正解を教える人であり、教師がもつ正解を探るような授業も行われています。また、「丸を付ける」という言葉に代表されるように、学校は正解をめざすことが目標となっていました。それは、子どもたちの思考の幅を狭めるだけでなく、教師の発想を超えない状況をつくり出しています。

結局、知識・技能の習得で止まっており、その活用による思考力・判断力・表現力の育成は十分ではありません。多様性の重視をうたいながらも、教師が敷いた路線に子どもを乗せ、正解らしきものに導くといった指導が正解主義です。あらためて、学校の中にある正解主義を洗い出す必要があります。

「同調圧力」を意識する

「その一方で、学校では『みんなで同じことを、同じように』を過度に要求する面が見られ、学校生活においても『同調圧力』を感じる子供が増えていったという指摘もある。社会の多様化が進み、画一的・同調主義的な学校文化が顕在化しやすくなった面もあるが、このことが結果としていじめなどの問題や生きづらさをもたらし、非合理的な精神論や努力主義、詰め込み教育等との間で負の循環が生じかねないということや、保護者や教師も同調圧力の下にあるという指摘もある。」（答申より抜粋）

確かに学校は「みんなちがってみんないい」と言いながら、「どうしてみんなと同じにできないの」と叱るという矛盾があります。答申にもあるように、目に見えない同調圧力が子どもたちを生きづらくしていることも事実です。いじめや不登校の原因の根本はここにあるようにも考えられます。多様性の理解にも誤解があり、自らも多様性の一部であることを意識させていません。また、包摂性にまで到達していないことから、ますます同調圧力は強くなっています。

ここには、学校教育成立の歴史的背景が影響しています。画一化を基本としてきた学校のあり方は、150年経っても変わっていません。学校だけでなく、日本社会がまだ同調圧力の中にあります。その意味では、学校が先んじて同調圧力からの解放を始めることに意味があります。

教育活動における同調圧力の怖さは、教員自身がそのことに気づいていないことです。先入観を捨て、「同調圧力がある」という視点で教育活動をＯｂｓｅｒｖｅしていくことが重要です。

「二項対立」の思考癖を探る

「さらに、一斉授業か個別学習か、履修主義か修得主義か、デジタルかアナログか、遠隔・オンラインか対面・オフラインかといった、いわゆる『二項対立』の陥穽に陥らないことに留意すべきである。どちらかだけを選ぶのではなく、教育の質の向上のために、発達の段階や学習場面等により、どちらかの良さも適切に組み合わせて生かしていく

という考え方に立つべきである。」（答申より抜粋）

中教審のこの指摘は、学校の思考癖を言い当てています。デジタル化が進むと、アナログを否定し、デジタルが目的化するなど、学校にはAかBかの発想をすることがよく見られます。

また、「生きる力」「言語活動」など、教育改革のキーワードが登場すると、その言葉を使うことで最先端の教育を行っているような錯覚を覚えがちです。思考力・判断力・表現力育成のための手段であった言語活動は目的化してしまい、その成果を見取ることが忘れられてしまいました。

さらに、この思考の延長として「～でなければならない」という前例踏襲主義があります。前例踏襲主義は思考を停止させ、改善の営みを止めてしまいます。二項対立の思考癖は、文化として学校にしみついています。まず、どこにその思考癖があるのか、丁寧に探っていくことが必要です。

3 令和の日本型学校教育を創造するOrient

3つの課題を解決する過程が「これからの学校」をつくる

現在の日本型学校教育のObserveにより、学校には構造的な課題と内在する課題があることがわかりました。学校教育の構造的な課題については、課題を顕在化させ、広く社会全体と共有することでムーブメントを起こすことが必要です。一方で、学校に内在する3つの課題は、学校自身が解決していかなければなりません。

・正解主義からの脱却
・同調圧力からの解放
・二項対立からの離脱

この3つの課題解決の過程こそが、令和の日本型学校教育の創造につながると考えることができます。このことにより、学習指導要領前文にあるような「これからの学校」をつくることができます。この3つの課題解決は、子どもたちの教育のあり方だけでなく、学校改善にも資することになるはずです。

4 令和の日本型学校教育を創造するためのＤｅｃｉｄｅ

令和の日本型学校教育を創造するための方向性を次の2点に定めることができます。

(1) 学校の空気を変える

これまでの当たり前を見直す

「空気を変える」とは抽象的ですが、「思考を変える」とも換言できます。正解主義も同調圧力も二項対立も、われわれの思考の中にあります。思考は、置かれた環境に大きく依存します。学校の空気を変えるとは、子どもたちや教職員が生活する心理的環境を変えることです。正解主義や同調圧力、二項対立といった思考に敏感になるように、空気を変えていくことが必要です。

それは、学校の当たり前を当たり前だと思わないこと、前提を疑うということにほかなりません。教職員一人一人の意識改革は容易ではありませんが、その場の空気を変えていくことが最も効果的です。

(2) 授業改善を日常化する

子どもにどれだけ寄り添えるか

ベテラン教員層の退職と若手教員の増加は、相対的な授業力の低下を招いています。それを回避するための授業スタンダードも、教師の創造性を排除した画一化の方向に進んでしまいました。教師の指導案のとおりに進む授業が「よい授業」であるといった、誤った認識も生まれています。よい授業とは、ねらいの達成はもちろん、子どもにどれだけ寄り添えるかということです。

第1章で紹介した、ドナルド・ショーン『専門家の知恵——反省的実践家は行為しながら考える』の中で、教師などの専門家は「技術的熟達者」ではなく「反省的実践家」であると言っています。

子どもと教材や場面、指導者としての自分という3つの関係を客観視しながら、省察し、改善することができるのが専門家としての教師です。教師は、その瞬間その瞬間で子どもの状況を把握し、指導の内容や方法を柔軟に変えていきます。この判断は瞬時に行われ、その判断によって自らの指導を修正したり、個に応じた支援をしたりしています。

あらかじめ子どもの反応を想定して指導案などに盛り込むことは、不可能な技です。子どもの顔を見ながら、考えていた発問を変更したり、課題を変えたり、といった小さな改善の積み重ねで授業は成り立っています。

授業をしながら授業改善をする

よい授業とは、自ら改善しながら行う授業です。教員の暗黙知とも言えるこの営みの継承がされておらず、「主体的・対話的で深い学び」や「個別最適な学びと協働的な学び」といった言葉に踊らされていることこそ、二項対立の思考癖であると言えます。授業をしながら授業改善を図るという専門家としての教員の授業を体現し、日常化することで、令和の日本型学校教育に迫ることができるはずです。

※ここでは、日本型学校教育を創造するための方向性を2点に絞りましたが、自校の実態に合わせてお考えいただきたいと思います。

5 令和の日本型学校教育を創造するAction

(1) 学校の空気を変えるために～言葉にする～

言語化し意識することで空気を変える

いじめ問題の解決では、何がいじめなのかという理解が必要です。そのため、常に「それって、いじめじゃないか」という問いかけが有効です。教師のそんな問いかけによって、しだいに子どもたち自身で自問できるようになっていきます。あえて言語化して意識させることで、空気を変えていくことができます。

この手法は、学校に内在する課題解決にも有効です。「それって正解主義に陥っていないか」「子どもたちへの同調圧力になっていないだろうか」「二項対立の落とし穴にはまっていないか」といった言葉を積極的に用いることで、これまで意識していなかった思考が動き出します。当たり前を見直すには、何かしらのレバレッジ（てこの原理）が必要です。

「子どもを主語」にして議論する

あえて課題を言語化するもうひとつのメリットは、議論を生むということです。正解主義も同調圧力も、学校教育の中ではすべてが否定されるものではありません。正しいことを教えなければならない場面は多々あります。社会生活を営む以上、他者と折り合いをつけながら同調することも学ぶべきです。

問題は、その基準が人によって異なることです。教員による基準の違いが子どもたちの戸惑いを生みます。だからこそ、その折々で教員が議論することが重要です。議論を重ねることによって、組織としての一貫性が生まれてきます。

この議論の際に忘れてはならないのが、子どもたちの視点です。常に「子どもにとって」という判断基準で考えることが「子どもを主語にする」ということです。学校に内在する3つの課題は、教員の都合で語られていたことに根本原因があります。

令和の日本型学校教育の構築は、学校改善の目標です。しかし、校長がいくら熱く語っても、それだけでは実現しません。学校改善は教職員、子どもたち一人一人の問題です。一人一人の行動を変えるには、空気を変えていくことが有効です。それをマネジメントするのが校長の役割です。

(2) 授業改善を日常化するために～授業リフレクション～

授業を振り返りながら改善点を見出す

学習指導要領に示された「主体的・対話的で深い学び」も、令和答申で示された「個別最適な学びと協働的な学び」も授業改善の視点です。どちらも授業のあり方や授業構成の視点であることに間違いありません。

これまでの授業研究は、このようなキーワードをどう具現化するかというテーマをもとに行われてきました。仮説を立てても比較検証することはなく、子どもの変容から成果を語ってきました。このような研究のあり方は、何十年も変わっていません。

さらに、昨今の授業を見ていると、そもそも子ども主体の授業として成立しているのかという事例も多くなってきました。学校における相対的な授業力の低下は否めません。授業後の研究協議会でも、最も大事な1時間1時間の授業はどうだったのかという検証がなされないまま終わっており、若手教員が「よりよい授業とは何か」を理解できていないことも多くあります。

その発問の意図は何だったのか、その子を指名した意図は何か、といった授業場面における授業者の判断と行動の意図を共有し、検討するのが授業研究だったはずです。そうでなければ、参加者一人一人の授業力向上につながりません。

こんな課題を解決するのが「授業リフレクション」です。けっして新しい手法ではありませんが、学校にあまり浸透していないように感じます。リフレクションとは「反省」「省察」です。授業者が自らの授業における教授行動を振り返りながら、改善点を見出していきます。

授業者一人でも可能（個人リフレクション）ですが、その授業を見た複数の教員とともに行うこと（集団リフレクション）が効果的です。それは、多様な考えに触れることで独善性を回避できるだけでなく、参加者も自らの授業と重ね合わせながら主体的に参加できるという利点があるからです。

授業での教師の思考過程はOODAループ

先に述べたように、教師は、その瞬間その瞬間で子どもの状況を把握し、指導の内容や方法を柔軟に変えています。この判断は瞬時に行われ、それによって自らの指導を修正したり、個に応じた支援をしたりしています。

この観察・判断・決定・実行という教授行動は、ＯＯＤＡループそのものです。ひとつの教授行動に対し、どんな実態を把握（Ｏｂｓｅｒｖｅ）したのか、さらにその状況をどう判断（Ｏｒｉｅｎｔ）したのか、授業者のリフレクションを共有していきます。さらに、その判断に基づいてどんな支援を決定（Ｄｅｃｉｄｅ）し、実行（Ａｃｔｉｏｎ）したのか、その有効性について話し合っていきます。

授業研究はあくまでケーススタディであり、そこで行われた教授行動が最善策であるとは限りません。大事なことは、教師がどう判断し、どう行動したかという思考の過程です。教師の熟達は、この思考の幅と深さに比例していきます。若手教員にとっての学びは、形式的なノウハウだけでなく、その裏にある意図を理解し、自らの授業で実践することです。このような手法を身につければ、誰もが個人リフレクションが可能になり、授業改善を日常化していくことができます。

(3) ＯＯＤＡループを回すというＡｃｔｉｏｎ～ＯＯＤＡループは無限ループ～

変化の時代に求められる不断の学校改善

令和の日本型学校教育を創造するために必要な行動は、ＯＯＤＡループを回すということです。これまで見てきたように、ＯＯＤＡループは学校改善にも授業改善にも適用できる汎用性の高い手法です。

また、ＯＯＤＡループの特徴は、無限ループであることです。Ａｃｔｉｏｎで完結したループはその状態をＯｂｓｅｒｖｅすることで、新たなループが始まります。ループがスパイラルに連続していくことで、学校改善が続いていきます。

学校改善は、そこまで到達すれば終わるという結果（到達）目標ではなく、未来の状態、将来を見据えた理想的な姿に向かう状態目標です。社会の変化に伴い、その理想的な姿は変化していきます。その時々の状態目標を見定めてＯＯＤＡループを回していくことが、学校改善の不断の営みであると言えます。

第5章

ＯＯＤＡループで学校改善を果たした先にあるもの

Orient　Observe　Decide　Action

1 時代とともに変わる、校長に求められる資質・能力

変化する校長の役割

第1章の18頁でお示ししたように、改正された「公立の小学校等の校長及び教員としての資質の向上に関する指標の策定に関する指針」には「校長の指標」を定めるための観点が示されています。これを整理すると次のようになります。

【校長に求められる基本的な役割】
①学校経営方針の提示
②組織づくり
③学校外とのコミュニケーション

【基本的な役割を果たす上で求められるもの】
〔従前から求められているもの〕
①教育者としての資質
②的確な判断力、決断力、交渉力、危機管理等のマネジメント能力

〔これからの時代に求められるもの〕

①アセスメント：様々なデータや学校が置かれた内外環境に関する情報について収集・整理・分析し共有すること

②ファシリテーション：学校内外の関係者の相互作用により学校の教育力を最大化していくこと

「アセスメント」「ファシリテーション」については第1章、第2章で述べていますが、大事なことは、時代とともに校長に求められる資質・能力は変わっていくということです。学校経営がマネジメントに置き換わり、教員の延長としての校長には求められるものがさらに変わっていきます。

教師の学びの「拡大形」が校長の学び

一方で、学び続ける教師の姿の延長線上に校長の姿があることは、少しも変わりません。このことについて先の改正指針には次のような記述があります。

「児童生徒等の学びと教員等の学びは相似形となることが重要であり、個別最適な学び、協働的な学びの充実を通じて、『主体的・対話的で深い学び』を実現することは、児童生徒等の学びのみならず、教員等の学びにもまた求められており、児童生徒等の学びのロールモデルとなることが期待される。」

ここで言う相似形とは、当然「拡大」です。教師自身が、個別最適な学び、協働的な学びの充実を通じて「主体的・対話的で深い学び」を実現しながら学び続けなければ、子どもたちに学びに向かう力を育てることはできないと読み取ることができます。教師自身が学び続けることで、よりよい授業、よりよい教育が実現します。その姿をロールモデルとして子どもたちに見せていくことが求められています。

教師の学びの拡大形が校長の学びです。その拡大部分が、「校長の基本的な役割を果たす上で求められるもの」だと説明できます。また、教師が対象としているのが子どもたちであるのに対し、校長が対象とするのは子ども

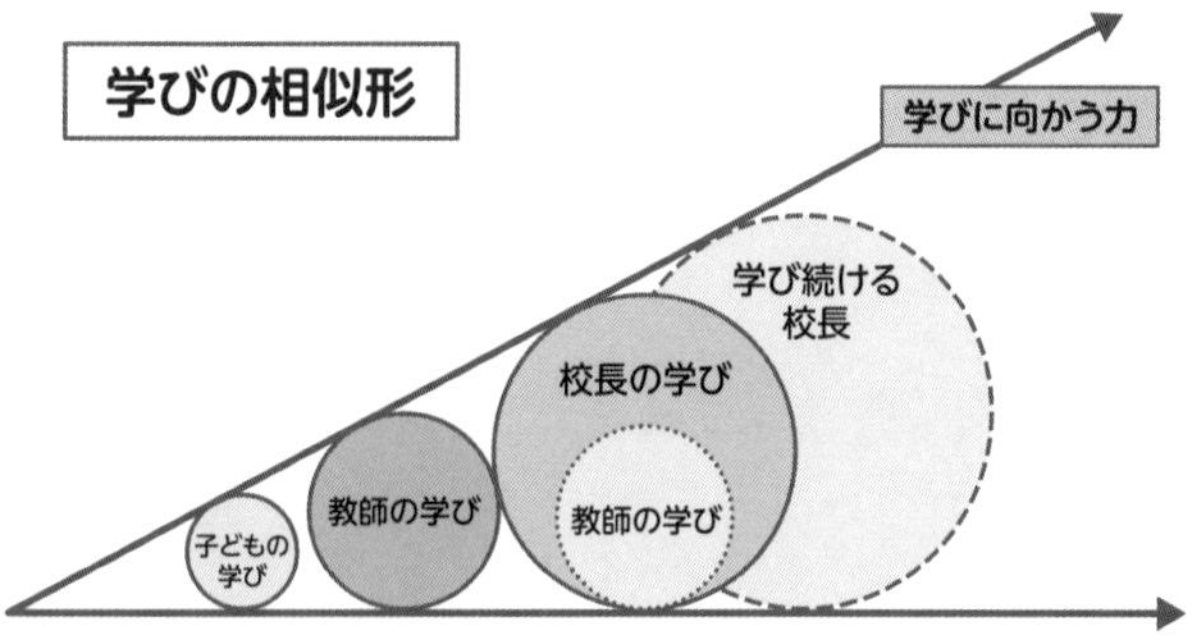

図　学びの相似形

や教師も含めた学校全体、学校を取り巻く教育環境のすべてということになり、対象の拡大という視点も忘れないようにしたいと思います。

2　校長の柔軟な発想力

「変化しないこと」はリスク

校長に求められる資質・能力は改正指針に示されましたが、令和の日本型学校教育の構築を進めるにあたり、最も必要なのは「校長の柔軟な発想力」ではないでしょうか。校長自身が学校に内在する3つの課題「正解主義」「同調圧力」「二項対立」を払拭するだけでなく、前例踏襲にとらわれることなく柔軟な発想でＯＯＤＡループを回しながら改善を進めていく力が必要です。

このとき、ヒントは学校教育とは別の場所にあります。時代の変化に乗り遅れないようにするために、また、時代の流れを自らつくっていくために企業は何をしてきたかに、これからの学校経営のヒントがあるはずです。

伝統にしがみつき、自己改革できなかった企業の凋落は現実のものとなっています。逆に、時代に合わせて業態を変えていった企業の成功例もご存じのとおりです。歌舞伎などの伝統芸能も常に進化しています。学校現場でもよく聞かれる「不易流行」。その意味は、本質を大事にしながらも、時々に応じた変化を取り入れていくことであり、変化し続ける流行性が不易の本質であるということです。変化しないということはリスクでしかありません。

すでに「学校だからいい」「学校だから許される」という発想は通用しません。社会の状況が常に変化し続けている中では、現状維持は実質的な後退です。

「子どもの視点」から本質を見極める

奇しくも、今般の新型コロナウイルスによって、学校の当たり前を見直す機会が与えられました。運動会や卒業式など、物理的に練習の時間が減ったことで、それらの本質に立ち戻ることができました。学校は見せることや見栄えを必要以上に気にしてきたことがわかります。本質は何か、それはもちろん子どもたちのため、子どもたちにとってという視点です。また、学校は何のためにあるのかという本質に戻って考えることも大切なことです。

学校における働き方改革にかかわって、ある校長先生がこんな話をしていたことを思い出します。「夏休み直前、様々な団体からイベント等の案内を配布してほしいという依頼がある。毎年それを配るだけでかなりの時間が割かれてしまう。団体にとって学校を利用することは、費用もかからず効率的だ。そこで、教育委員会や学校は、学校教育充実費として手数料を取り、子どもたちに還元すればいいのではないか」。

この発想には、目から鱗が落ちました。確かに何も考えず、年中行事のように行ってきたことを反省させられました。さすがに手数料を取ることはできませんでしたが、一斉に配ることをやめ、必要な子どもたちや保護者が自由に持っていく形にしたことで、余計な労力を減らすことができました。学校は他団体の下請けではないという判断をすることだけでも、学校改善は一歩進みます。

学校の当たり前を見直していくためには、少なからず校長の勇気が必要なことは事実です。だからこそ、校長同士の情報共有と学び合いが大切になってきます。

3 校長の学びに向かう力

「動機づけ」「方法知」「メタ認知」

前述のように、学び続ける教師の延長線上に校長があり、校長自身も学び続ける必要があります。その原動力になるのが「校長の学びに向かう力」です。

学びに向かう力を自己調整学習ととらえると、その要素となるのは「動機づけ」「方法知」「メタ認知」の3つです。これを校長の学びに当てはめてみると、次のようになります。

【動機づけ】自校をよりよくしたいという改善意欲や改革意識

【方法知】マネジメントや改善手法に関する知識や技能、情報収集の技能

【メタ認知】自らの経営力や改善の過程を客観視する力

この3つも、これからの時代に求められる校長の資質・能力だと考えることができます。では、これらも含めた校長の資質・能力を確かなものにするためには、どうすればいいのでしょうか。先の改正指針にあるように、校長の学びも協働的でなければなりま

せん。その協働的な学びの場こそ、校長会です。

4　校長学のススメ

校長会を学びの場に

コロナ禍により、情報共有に特化した校長会になった時期がありました。それが当たり前になり、校長が他校の経営や課題解決について学ぶという本来の機会が減ってしまったという現実があります。今こそ、校長の学びの場としての校長会のあり方が問われています。

令和の日本型学校教育の構築という大命題に立ち向かうには、校長会としての総力が必要です。経験の浅い校長先生にとっては、学校経営が独善的にならないようにするという役割もあります。公教育としての質を担保することも一校を預かる校長の責任であり、校長の専門性の維持・向上に努める職能団体としての校長会を、校長の協働的な学びの場にしていかなければなりません。

一校を預かる校長としての資格を

一人一人の校長がどのように自校の課題解決を図ってきたか、その手法や過程だけでなく、何をもってどう判断し、具体策として何を考えてきたのかという思考を学ぶことは、汎用性の高い学びにつながります。

それは、OODAループをどう回してきたかということでもあります。各校長のOODAループを集約し、一般化していくことを「校長学」と位置づけ、確かな学びとしていくことを勧めたいと思います。

【参考文献】

●合田哲雄『学習指導要領の読み方・活かし方』教育開発研究所、2019年
●牛渡淳・元兼正浩編著『専門職としての校長の力量形成』花書院、2016年
●秋田喜代美・藤江康彦編著『これからの教師研究』東京図書、2021年
●白井俊『OECD Education2030プロジェクトが描く教育の未来』ミネルヴァ書房、2020年
●千々布敏弥『先生たちのリフレクション』教育開発研究所、2021年
●ピーター・M・センゲ他著、リヒテルズ直子訳『学習する学校』英治出版、2014年
●鈴木道代『プロジェクトを成功に導くOODAループ入門』スローウォーター、2020年

おわりに～学び続ける校長に～

「令和の日本型学校教育」を担う教師の養成・採用・研修等の在り方について検討する中教審特別部会では、多様な専門性を有する質の高い教職員集団の形成について、次のような議論がありました。

――教職員集団を多様にしただけでレジリエンスが強化されるわけではなく、学校管理職のリーダーシップの下で、目標の明確化、心理的安全性の確保、教職員の経歴・背景の多様性を考慮したマネジメントなども不可欠である。特に「心理的安全性」の確保は、様々な課題に対応できる質の高い教職員集団を形成するために不可欠である。

「心理的安全性」は、これからの学校経営の新たなキーワードとなります。働き方改革の推進による勤務環境の改善は言うまでもなく、教職員一人一人がもてる力を存分に発揮できる職場環境をつくっていく必要があります。さらに、こんな議論もありました。

――萎縮せずに意見を述べたり、前例や実績のない試みに挑戦する教師を支援できる環境を醸成したりすることで、学校内外で発生した問題を教職員が一人で抱え込むことなく、組織としてより最適な解を導き出すことが可能になる。(傍線筆者)

まさに、学校に残っている前例踏襲主義への警鐘です。校長自身が前例踏襲主義にとらわれることなく、一歩前に進まなければ学校は変わりません。

ドイツの教育学者ディースターヴェークは「進みつつある教師のみ人を教うる権利あり」と言いました。これを校長に当てはめると、「進みつつある校長のみに一校を預かる資格が与えられる」となるのではないでしょうか。一校を預かる責任の重さを再確認し、実践的に学び続けていきたいと思います。そして、本書がその一助になれば幸いです。

さて、私が「PDCAサイクル」の考え方に触れたのは、まだ若手教員の頃でした。当時は何の疑問も抱きませんでしたが、学校経営に携わるようになって、何かしっくりきていませんでした。それは、改善のスピード感です。計画を立て、実行して評価し、改善するというスパンが長過ぎると思っていました。計画から始めることも、改善のスピードを遅くするような気がします。

そんなときに出合ったのが「OODAループ」でした。日々の教育活動の中で抱く違和感を発端に観察を始め、分析し、判断し、行動するという問題解決の流れは、現場の校長の思考そのものです。その意味でも「OODAループ」は、学校の課題解決の実践的手法として違和感なく浸透していくものと考えています。

本書の出版にあたり、教育開発研究所の皆様にたいへんお世話になりました。特に、構想段階からたくさんのアドバイスをいただいた桜田雅美さんには心より感謝申し上げます。

喜名　朝博

■著者紹介■

喜名　朝博（きな・ともひろ）

国士舘大学教授／元全国連合小学校長会長

東京都公立小学校教諭、東京学芸大学附属大泉小学校教諭、町田市教育委員会指導主事、台東区教育委員会統括指導主事、中野区教育委員会指導室長、公立小学校長等を経て現職。全国連合小学校長会長、中央教育審議会初等中等教育分科会委員、同教員養成部会委員・教育課程部会委員、（独）教職員支援機構評議員、東京オリンピック・パラリンピック競技大会組織委員会顧問、（公財）日本学校保健会理事、（一財）教員養成評価機構評価委員会委員等を歴任。現在、全国連合小学校長会顧問、（一財）教育調査研究所評議員。

校長がOODA《ウーダ》ループで考えたら学校の課題がみるみる解決した

2023年1月５日　第１刷発行
2024年3月20日　第２刷発行

著　者　喜名 朝博
発行者　福山 孝弘
発行所　株式会社 教育開発研究所
〒113-0033　東京都文京区本郷2-15-13
TEL 03-3815-7041／FAX 03-3816-2488
https://www.kyouiku-kaihatu.co.jp
表紙デザイン　長沼 直子
本文デザイン　shi to fu design
印刷・製本　中央精版印刷株式会社
編集担当　桜田 雅美

ISBN 978-4-86560-564-8